Toda mujer debe saber que e[...]
Mentiras atractivas, Jennifer r[...]
Cuenta su historia de manera sincera y convincente, y después nos da esperanza práctica a todas nosotras mientras procuramos vivir una vida con significado. ¡Este libro ayudará a todas las que lo lean!

HOLLY WAGNER,
autora y fundadora de *GodChicks* y *El despertar de las chicas de Dios*

Mentiras atractivas es un libro que debe leer toda mujer. Jennifer Strickland teje la poderosa historia de su vida en cada capítulo, a la vez que enfatiza las verdades transformadoras de la Palabra de Dios. Su vulnerabilidad, su exquisito estilo para escribir y sus netas aplicaciones prácticas hacen que este libro sea la elección ideal para el uso personal o en un grupo pequeño.

CAROL KENT,
conferenciante y autora de *Becoming a Woman of Influence*

La historia de Jennifer Strickland es convincente por completo. Se lee como una novela, pero es de la vida real. No hay ni una joven ni mujer del universo que no se fascinaría con este mensaje. Como una bella joven modelo, Jennifer encontró un vacío y un profundo dolor y tristeza. No obstante, hoy es una maravillosa esposa y madre que descubrió la verdadera belleza, esperanza y restauración. Es un mensaje para esta generación.

DR. JIM BURNS,
presidente de *HomeWord* y autor de *Padres confiados* y
Sobreviviendo a la adolescencia

Este no es otro libro de «consejos prácticos». Es una trayectoria personal que narra Jennifer. Abre su corazón y expone el dolor que experimentó cuando era una modelo de éxito. Jennifer pone en papel sus experiencias como modelo de una manera hermosa y descriptiva. Yo también pasé por esos mismos sentimientos de rechazo y de que me trataran como un objeto y no como una persona. A veces tenemos que pasar por una montaña rusa de emociones para encontrar el verdadero amor. Ven a disfrutar la travesía de Jennifer mientras te revela lo que es la belleza en realidad. Este libro te ayudará a identificar las mentiras y los engaños del mundo, y te ayudará a encontrar el verdadero significado de la belleza, la aceptación y el amor.

KIM ALEXIS,
vocera y autora, ex modelo de portada de *Cosmopolitan* y *Sports Illustrated*

Hay una batalla espiritual por las mentes y los corazones de las mujeres. Es real, cruda y destruye vidas. Con transparencia y autenticidad, Jennifer descubre las mentiras, el engaño y las distracciones que mantienen a las mujeres en busca de algo que nunca se satisfará. Este libro es un mensaje de verdad sanadora, realidades espirituales, amor y libertad que anhela toda mujer. Jennifer aborda las batallas y los temas difíciles que las mujeres han aprendido a ocultar y nos ayuda a encontrar esperanza en nuestra verdadera identidad y propósito.

DEBBIE STUART,
directora de desarrollo eclesiástico y liderazgo, Mujeres de Fe

Soy una gran creyente en que solo la verdad saca las raíces de las mentiras destructivas. Como testigo presencial del poder siniestro de las mentiras en las vidas de quienes ama Dios, Jennifer Strickland ofrece buenas noticias a las chicas y a las mujeres que han creído la mentira de que no valen mucho. *Mentiras atractivas* es alimento para las que tienen hambre de lo que satisface de veras.

MARGOT STARBUCK,
autora de *Unsqueezed*

¡*Mentiras atractivas* cautivó mi corazón de muchas maneras! Las historias de la vida de Jennifer me llevaron de un lugar de aferramiento a un lugar de rendición. Jennifer me hizo recordar una mejor forma de vivir, a pasar de ser una víctima que vive con miedo a amarme con los ojos de Dios, ¡y a vivir en libertad! Si todos los padres leyeran este libro, sabrían cómo bendecir a sus hijas. Si cada mujer leyera este libro, podríamos pasar de vivir en aislamiento a vivir en una verdadera comunidad.

PAT CIMO,
directora de vida familiar, *Willow Creek Church*

Mentiras atractivas es un libro de lectura obligatoria para las mujeres de hoy. Se nos atrae y seduce hacia las mentiras de las revistas de las tiendas, hacia nuestra imagen en el espejo y hacia la aprobación de los hombres, solo para que quedemos obsesionadas con «qué pasaría si». *Mentiras atractivas* es una verdadera historia de la auténtica trayectoria de Jen hacia la comprensión de las trampas del mundo, y del amor redentor y la sanidad que solo llegan de Dios, el creador de la belleza y de nuestra verdadera identidad.

DEBBIE EATON,
directora del ministerio de mujeres, *Saddleback Church*

JENNIFER STRICKLAND

MENTIRAS ATRACTIVAS

TÚ ERES MÁS DE LO QUE

PIENSAN LOS HOMBRES
REFLEJA EL ESPEJO
TE DICEN LAS REVISTAS

Unilit

PARA QUE EL MUNDO
Sepa

Publicado por
Unilit
Medley, FL 33166

© 2017 Editorial Unilit (Spanish translation)
Primera edición 2017

© 2013 por *Jennifer Strickland*
Originalmente publicado en inglés con el título: *Beautiful Lies*
Publicado por *Harvest House Publishers*
Eugene, Oregon 97402
www.harvesthousepublishers.com

Traducción: *Mayra Ileana Urizar de Ramirez*
Edición: *Nancy Pineda*
Diseño de la cubierta: *An.XpDesigns*
Fotografía de cubierta e ilustraciones del interior: ©2017 *bestphotostudio, Makalo86, Kaissa, Visual Genemtion, IMOGI gmphics*. Usadas con permiso de Shutterstock.com
Fotografía: *Amy Headington, Grace Photography*

Producto: 495875
ISBN: 0-7899-2295-9 / 978-0-7899-2295-3

Categoría: *Vida cristiana / Vida práctica / Mujeres*
Category: *Christian Living / Practical Life / Women*

Impreso en Colombia
Printed in Colombia

Para Linda
Que el legado de tu fe inquebrantable,
amor abnegado y oraciones valiosas
permanezcan en estas páginas.

Reconocimientos

A mi esposo, Shane, le doy las gracias por este libro. A veces tenía tanto miedo de lo que podría pasar si escribiera que trataba de detener la realización de mi propio sueño. Sin embargo, Shane me señalaba de manera implacable la meta como la salida del sol en el horizonte, sin dejarme huir por temor a que fracasaría, y creyendo que si corría hacia ese horizonte, mi sueño se haría realidad. De seguro que nuestro Padre trabajó por medio de Shane en esto; mientras te entrego este libro, un nuevo día amanece en mi corazón.

La creación de algo bello de montículos desiguales de tierra es la experiencia de los padres de Shane. Mi gratitud va para su padre, Larry, un constructor del corazón, que a menudo me aconseja cómo construir un sueño de una página en blanco. La madre de Shane, Linda, creyó en este mensaje, se sacrificó por él y me guio con su espíritu amable y apacible, tan dulce como el cordero, tan seguro como el león.

Estoy agradecida con mis padres, George y Jan Porter, quienes me dieron la vida y siguen dándole vida a mis sueños. Como dice mamá: lo dará mientras viva e incluso después que no esté. Mamá y papá, espero que esta obra también impacte vidas mucho más allá de nuestros años.

A Olivia, nuestra hija: Gracias por saber qué noches decir con discreción bajo las colchas: «Mami, tienes que quedarte despierta y escribir», y qué noches decir: «Mami, duerme». Gracias a nuestro hijo Zach, que siempre está confiado al saber que estoy escribiendo en el cuarto de al lado mientras se queda dormido. A Samuel, el bebé de la familia: algún día sabrás que tu mami soñaba y tu papi creía en sus sueños y se aseguraba que ocurrieran.

Estas mujeres fueron alas, compañeras de viaje y un nido para abrigar: Devi Titus, Leah Springer, Megan Carter, Tracy Levinson, Deana Morgan y Gayle Novak. Gracias por llevarme hacia el amanecer cuando no podía ver el camino.

Estoy en deuda con el equipo de JSM: Caris Leidner, por leer, editar y orar; April Cousens, por atar los detalles a fin de que yo pudiera escribir; Jan Alexander, por sus años de servicio abnegado; Kelly Tookey, por hacerle frente a los números para que yo no tuviera que hacerlo; Faith Stansky, por su digno ejemplo de la verdadera belleza; Wendy Pryne, por la joyería que armonizaría con el mensaje; y Rachel Dee Turner, por sus miles de dones que impulsaron este mensaje. Damas, derramamos juntas nuestro aceite.

Por último, gracias a Greg Johnson de Wordserve Literary, quien sigue creyendo que una exmodelo puede hablar y escribir en realidad, y al equipo de Harvest House: Bob Hawkins Jr., LaRae Weikert, Pat Mathis y Kathleen Kerr, mi brillante editora que me ayudó a crear las historias que despertaron mi alma. Ustedes vieron mi visión y le dieron alas.

Contenido

Introducción

L a llamada telefónica llegó avanzada la tarde. Esa mañana acabamos de barrer la casa temprano. De manera misteriosa, la alarma sonaba sin cesar y nadie podía apagarla. Los nuevos dueños dijeron que había un espejo roto en una de las habitaciones de arriba, vidrio reflectante en un millón de pedazos esparcidos por todo el suelo.

El espejo no se rompió cuando nosotros estábamos allí; Linda misma lo limpió. Dejamos la casa intacta por completo y la alarma no se había usado en años. Era un misterio.

Sin embargo, yo estuve destrozando máscaras y quebrando espejos por años, y ahora, incluso ahora, te muestro sus piezas rotas en estas páginas: el espejo del hombre; el espejo del baño; el espejo de las revistas, la máscara y los medios de comunicación. Creer que estos espejos declaran la belleza, el valor y el propósito de la mujer es creer mentiras atractivas.

Estoy familiarizada con el mundo que dice que el reflejo de una mujer es su valor, más de lo que estoy familiarizada con cualquier otra parte del mundo. Cuando era una jovencita, comencé a modelar, a posar para la cámara, a caminar en las pasarelas y a aparecer en revistas que me lanzaron a una vida que a la larga llegó a ser una gran mentira atractiva. Con el tiempo, el modelaje me dio fama, pero en la cima de mi éxito, las mentiras me destrozaron en pequeños pedazos. Una alarma sonó en mi alma en medio de la noche; y fui en busca de la verdad atractiva.

Cuando encontré la Verdad, desenterré una belleza que dura. Dejé el mundo del modelaje, libre para quitarme las máscaras, sabiendo que debajo de ellas nos hicieron para mucho más.

Una chica que comienza a creer una mentira quizá nunca vuelva a ser la misma. La mentira empieza al confiar en su belleza y termina con un dolor demoledor. En la industria del modelaje, que solo es el reflejo de los valores que respalda el mundo, se nos enseñó a encontrar nuestro valor en el hombre que tenemos delante o en la imagen del espejo. En cambio, las fotos de las revistas eran una trampa, convenciéndonos de algún modo que presuntamente la imagen era fiel a la realidad. En ese mundo, se nos enseñó que brillar fuera del hogar siempre era más importante que cualquier otra cosa que hiciéramos dentro; y se nos enseñó, como lo reflejan los medios de comunicación, que el valor de una mujer estaba en su rostro, en su cuerpo y en su cama. El impacto de estas mentiras es trágico.

Este libro es mi ofrenda, mi respuesta, mi grito de batalla. Ven conmigo. Veamos algunos espejos. Hagámoslos pedazos. Y veamos si no hay un Dios que con sumo cuidado levanta las joyas del suelo de nuestro corazón y les da forma de diamantes que reflejan su perspectiva de belleza, valor y propósito verdaderos.

Eres más de lo que piensan los hombres; de lo que refleja el espejo; de lo que te dicen las revistas. Eres más que la máscara que usas y que los muchos rostros de los medios de comunicación. Eres una hija, una creación, un templo, una luz, una embajadora llamada a un mundo oscuro como una piedra viva que refleja el rostro del Dios que te creó.

Las mentiras pueden ser bonitas, pero la Verdad es bella. Tan difícil como es ver directo a los ojos, la verdad sí nos libera. Y no se arruga. Al vivir dentro de ti, su brillo aumenta cada vez más.

Bienvenida a este viaje. Te invito a mi corazón, y al tuyo.

*Las máscaras pueden ser bellas en apariencia,
pero se roban el corazón del gozo; en cambio,
deslumbrante es la que no le teme a sus secretos.*

1

ERES LO QUE EL HOMBRE PIENSA DE TI

Yo solía pensar que el hombre podía medir mi valor,
pero ahora veo que ningún hombre es el reflejo de mí.

En busca de un rey

Al ver en los pozos de sus ojos color avellana, me sumerjo en la chispa de luz incrustada allí. La luz me hace pasar a otro mundo, que goza de belleza. El viento cálido pasa por mi cabello; nado y vuelo al mismo tiempo.

Aquí en la tierra, mi esposo me besa, pero en mi mente, estamos al borde del matorral, donde el prado se une con el bosque. Todo el mundo que nos rodea está lleno de asombro. El suelo del matorral se dobla debajo de nuestros pies; la paz perfecta es nuestra. La unión es nuestro Amo.

Él es hombre; yo soy mujer; unidos por Dios.

Algún día, no habrá dolor, ni división, ni angustia, ni lágrimas.

Algún día, solo habrá plenitud de gozo.

♕

¿Qué tienen los cuentos de hadas que hace que sean una mentira tan atractiva?

Antes de que la princesa de Disney conociera al príncipe, solo era una niña común y corriente. Desesperada, sola, perdida y pobre, tiene pocas oportunidades de escapar del mundo cruel. Sin embargo, cuando el príncipe galopa sobre el caballo blanco en la escena, cambia la perspectiva.

En el príncipe hay protección del dolor de su crianza. De alguna manera, todos los lugares dañados sanan, la madre que no la amaba, el padre ausente, las hermanas que la envidiaban y la despreciaban, la pobreza que la humillaba. En el príncipe, ella sana y es libre. Él es un nuevo día, el amanecer de su noche oscura.

El príncipe hace lo que nadie pudo hacer antes: extermina al enemigo que tanto quería devorarla y robarle su lugar legítimo en el reino. Dispuesto a morir en su lugar, el príncipe llega a ser su salvación. Se pone de rodillas para pedirle su mano, rescatándola de una vida de tormento solitario. El momento en que acepta casarse, se transforma de ser una chica humilde, cubierta de harapos, a una princesa amada, vestida de largo y coronada.

El futuro ahora es brillante para ella. Es bella, valiosa, elegida, redimida. Nunca más se preocupará por su dolor anterior ni cuestionará su valor ni destino. Todo eso se arregla con el príncipe.

Cuando era jovencita, creía en la redención de los cuentos de hadas. Quería el príncipe, el castillo y la corona. Así que, en el bachillerato y en la universidad, puse mi esperanza en el futuro. Si el futuro apareciera vestido como un chico y me prometiera amor, le entregaría mi corazón, y con eso se iba mi identidad y valor.

Sin embargo, el chico seguía tomando mi corazón y destrozándolo. Uno tras otro cometía el error de caer en las drogas y el alcohol, y terminaban destrozados y ensangrentados en el fondo de su propio pozo. De ese lugar de oscuridad, una y otra vez, no podía sacarlos. Cuando eres joven, no te das cuenta de lo que el mundo puede hacerle a un chico o lo que un chico puede hacerse a sí mismo. Yo no podía arreglar los problemas que ellos tenían con el abuso de sustancias, la depresión, la escuela, el dinero y más. Aunque trataba de lanzarles un lazo, ellos ya no tenían esperanzas ni la fe para agarrarla, y de seguro que yo no tenía los músculos para levantarlos.

Al ver sus almas marchitarse, mi corazón se marchitaba también. ¡Se suponía que tenían que salvarme! ¡Se suponía que tenían que lanzar el lazo! No podían prometerme nada, y si prometían algo, no lo cumplían. Yo quería que el amor prevaleciera, pero no podía tener éxito.

Con mi corazón destrozado, mi alma llevaba la marca de la derrota. Llegué a estar desencantada y perdida, deseando vagar por el mundo con la esperanza de encontrar algo que me llenara. Mi corazón anhelaba el amor inagotable, pero decidí que si los chicos me fallaban, yo conquistaría el mundo por mi cuenta. Exterminaría a mis propios dragones. Encontraría mi propio castillo y construiría mis propios sueños.

Para mí, esos deseos eran realidades potenciales. A menudo tenía un pasaje de avión para que me llevara lejos, una vía de escape que apreciaría la princesa promedio.

Mi travesía como modelo de pasarela empezó cuando tenía ocho años. Mi madre me inscribió en una clase de Cenicienta en una escuela de protocolo local, esperando ayudarme con mi coordinación y darme un poco de gracia. Yo era bastante alta e inepta en los deportes, pero el modelaje no fue difícil para mí. Una y otra vez gané el premio de «Señorita fotogénica» en los concursos, y cuando me gradué de la escuela de protocolo, mi maestra alta, impecable y elegante me nombró la «Modelo más potencial».

Durante el bachillerato, mi madre y yo nos enteramos que si en realidad queríamos saber si yo podría tener éxito en esa esfera, tenía que conocer a Nina Blanchard, la legendaria emperatriz del mundo del modelaje de la costa occidental.

Así que, con 1,82 metros de altura y diecisiete años, con mechones rubios que caían en medio de mi espalda, entré con arrogancia en su oficina de Hollywood, llevando tacones altos y un pequeño vestido negro, con mi madre que se desvanecía en el fondo.

Nunca olvidaré la forma en que Nina levantó la mirada con sus lentes, sus ojos juiciosos me examinaron de arriba abajo.

«Permítame ver sus fotos», susurró entre dientes con su voz profunda y áspera, dando órdenes al hombre que tenía a su derecha. Su mirada permanecía fija en mí.

Yo me apoyé en un tacón, luego en el otro.

El nombre del hombre era Mack. Tenía un rostro con cicatrices de viruela y una sonrisa de guasón. Amable y profesional, le entregó mis fotos a Nina y nos pidió que esperáramos mientras ella las examinaba con una lupa en una caja luminosa.

Había ventanas que rodeaban el extenso piso de sus oficinas; las luces coloridas del Hollywood Boulevard destellaban detrás de ellas. Nina y Mack susurraban acerca de mí.

Por último, él me acompañó a la guarida personal de ella. Mamá y yo nos sentamos frente a ella, y un gran escritorio de caoba estaba entre nosotras. Durante toda la entrevista dejó su delgado cigarrillo humeante apoyado en un cenicero lleno de ceniza. Traté de no distraerme con la sensación punzante en mi nariz, la vista glamurosa de las luces enjoyadas de Hollywood y el conocimiento de que esta feroz pelirroja poseía el poder, ya fuera de catapultar mis sueños a la luna o de estrellarlos en las rocas.

Inclinándose hacia delante, ciñendo su arrugada frente y mirando con sus ojos color esmeralda, Nina le dijo a mi madre: «Ella tiene potencial. Queremos contratarla».

Con sus manos venosas y uñas rojas de porcelana, deslizó un contrato por el escritorio.

Esta fue la continuación de mi primera mentira atractiva: un hombre, o mujer, cree que soy bonita, entones lo soy. Si cree que tengo potencial, lo tengo. Si me necesitan, soy digna de que me necesiten.

Nina me nombró el «Rostro de los noventa». Me envió a las oficinas de L'Oréal, Oil of Olay, Eddie Bauer y Jordache. Me llevó a *Glamour*, *Seventeen*, *Cosmopolitan* y *Vogue*. Me presentó a Steven Spielberg, Eileen Ford, Giorgio Armani y Patrick Dermarchelier, el fotógrafo favorecido de la princesa Diana.

Nina era mi hada madrina y, para mi primer año en la universidad, podía hacer un acto de desaparición cuando quisiera, un plan conveniente para una chica con el corazón destrozado. Podía huir en un avión o en un tren, podía esconderme detrás de una máscara, podía tomarme una foto y sonreír.

Al graduarme del bachillerato, me mudé a Europa bajo las instrucciones de Nina. El dinero y los viajes eran grandiosos, pero cuando terminaba el verano, regresaba a Los Ángeles. Mientras que otras modelos descuidaban los estudios para seguir la fama fugaz del modelaje, yo no. Nina hasta declinó un trabajo con *Sports Illustrated* para mí, e insistió en que siguiera la universidad. Durante los siguientes cuatro años, mantuve una beca y me especialicé en periodismo televisivo; en lo profundo, quería ser oradora y escribir.

Sin embargo, también era una de esas chicas de las fotos, de las que ves en las vitrinas, revistas y en la televisión. En cuanto terminaban las clases en el verano, volaba a Europa. Allí, la agencia local me indicaba que comprara mapas de las calles y del metro, me entregaba la dirección de mi nuevo apartamento y hacía que escribiera un listado de entrevistas.

Aunque vivía con otras modelos, pasaba sola la mayor parte de los días. Iba de calles a estaciones de subterráneo, de autobuses a tranvías, a hoteles, edificios de oficinas, sets, retocándome el maquillaje entre las entrevistas, poniéndome en contacto con la agencia y permitía que los artistas del maquillaje y estilistas del cabello me hicieran ver como una persona distinta cada día.

Debido a que era tan joven, el estilo de vida parecía inofensivo. Mis padres, que sabían muy poco del lado sórdido del negocio, apoyaban mucho mi carrera de modelaje. Todos me animaban desde casa. Todos veían el modelaje como una oportunidad para ver el mundo y ganar dinero al hacerlo.

Así que los pasajes de avión llegaban a mi puerta como regalos de mi hada madrina, y yo me iba.

Durante épocas del año y en los viajes cortos, vivía en Los Ángeles, Hamburgo, París, Atenas y Sídney. Después de la universidad, firmé con *Ford Models New York* y por poco me mudo para allí. Entonces, en un giro del destino, me entrevisté con un agente de Milán que me invitó a irme a Italia en lugar de eso.

A los veintiún años, me senté en un rincón de mi agencia en Hollywood mientras un agente italiano se sentaba frente a mí. Tenía el pelo rubio rizado, y con su acento curioso me ofreció la fascinación de los viajes, la fama y la promesa de una vida bella en Italia.

Se me hizo agua la boca; parecía demasiado dulce. Mordí esa manzana gloriosamente brillante y roja con todo lo que tenía. Quería todo lo que podía ofrecer este mundo.

Durante mi vuelo hacia Milán estudié italiano y escribí traducciones en mi diario, repetía los dichos italianos como mantras. *Chi cerca trova*: «El que busca, encuentra».

«*Chi cerca trova... Chi cerca trova...*», repetía mientras miraba por la ventanilla del avión al horizonte sin límites.

Con la universidad ya atrás y mi librito de frases italianas a la mano, pensé que estaba bien armada. Sin los estudios como un ancla que me arraigara a los Estados Unidos, no tenía que regresar a casa. Tenía en mi mano un pasaporte que podía llevarme de un lugar a otro por todo el tiempo que quisiera.

El agente que me invitó a Italia me convenció que la pasarela abriría las puertas del éxito. Así que antes de llegar hice todo lo posible para estar a la altura de los estándares del mercado europeo: me bronceé, ayuné, sudé, hice dieta, hice yoga, corrí un poco más, ayuné un poco más, tomé vitaminas y quemadores de grasa en abundancia, corrí, me alisé el cabello, corrí, compré ropa nueva, hice un poco más de ejercicio, corrí un poco más, ayuné un poco más, tomé un poco más de quemadores de grasa, hice mis maletas y practiqué mi italiano.

En cambio, no importa cuánto le hagas a tu exterior, el corazón todavía está atado debajo de la superficie.

♛

En este viaje a Italia fue que conocí a Damien, el dueño de una revista y magnate de la moda que pasó a representarme en mi carrera. Llegó a ser una clase de figura paterna para mí, o eso pensé yo.

Durante mi primera temporada en Milán, cenaba a menudo con los agentes, clientes y fotógrafos, lo cual se acostumbra con las modelos. Lo típico era que esos hombres tuvieran el doble o más de mi edad. Por instinto, sabía que no debía permitir que las relaciones fueran más allá de una cena o de bailar, pero una línea vaga empaña la distinción entre complacer a los clientes cuando ofrecen entretener a las modelos y mantener las cosas a un nivel profesional. Yo centraba esos encuentros en la esperanza de que esos hombres promovieran mi carrera, y yo solo deseaba experimentar la «vida bella» que se me había prometido en Italia. Qué tonta fui al creer que esos hombres mayores no esperarían nada a cambio. Muchas veces me encontré en situaciones incómodas en las que de un modo cortés, o a veces enérgico, tuve que decirles que no estaba interesada en ellos románticamente.

Aun así, de todos los hombres que conocí, Damien era el más interesado en mí. Durante mi primera entrevista con él, no solo vio mis fotos. Me vio a los ojos. Tenía cincuenta y tantos años; yo acababa de cumplir veintidós. En una industria en la que muy pocos reconocían el alma de una chica, parecía que él podía ver justo la mía.

En el mundo de la moda, tenía influencia, conocimiento y experiencia. Conocía a los fotógrafos, a los dueños de revistas y a los diseñadores. Podía catapultar mi carrera con solo agitar su mano, lo cual también significaba que podía enterrarme con el chasquido de su dedo pulgar.

Desde el momento en que lo conocí, dijo que yo tenía un *pace dei sensi*, algo difícil de traducir, pero es una clase de «sensación de paz» o «paz interior». Para entonces, yo era experta en parecer serena y centrada, y él asumió mi carrera como su pequeño experimento. Me puso en la portada de su revista. Me expuso a la buena mesa, a la «gente importante» y a la alta costura. Me trataba como si yo fuera su premio.

Cuando estaba en alguna ciudad nueva donde no conocía a nadie y no sabía nada de la forma en que el negocio funcionaba allí, Damien me hacía sentir como si él lo supiera todo. Con su acento engañoso, me prometió que me protegería, guiaría y promovería, justo lo que quiere una modelo joven.

Entonces, llegó la noche en la que él reveló que no le interesaba ser un padre para mí. Quería más.

Destrozada

El agua para mi té hierve por lo que me levanto y me dirijo a la cocina. Me preparo el té y, mientras regreso la jarrilla vacía al fogón de vitrocerámica, me quedo allí por un momento para ver el reflejo de mi rostro. Mi amigo me había advertido antes de llegar a Milán que no entrara sola al apartamento de un hombre, pero he pasado por alto su advertencia.

Me siento cerca de la chimenea.

—Nunca había visto a una mujer que puede acercarse tanto al fuego —dice él, acercándose a mí por detrás.

—Nunca antes había sido tan delgada. Perdí toda mi grasa corporal antes de venir a Milán con la esperanza de llegar a la pasarela. Tengo frío.

Damien baja su café expreso y envuelve su cuerpo alrededor de mi espalda, como una capa pesada.

Cada músculo de mi cuerpo se pone tenso del miedo y yo trato de alejarme. Con fuerza, presiona mi hombro hacia abajo para mantenerme allí.

—¡Damien! ¡No! —protesto yo, tirando con fuerza a fin de alejarme y retirarme hacia la ventana, y exijo—: ¿Qué estás pensando?

Este hombre me duplica bien la edad, es más viejo que mi padre.

Sin hacer ruido, él atraviesa la habitación.

—Tienes miedo de que te abracen —dice bufando.

—¡Déjame en paz! —insisto. Me doy la vuelta y le doy la espalda.

—En realidad, es una lástima —susurra—, pues solo quería hacerte un favor. Desde el momento en que te conocí, pensé: ¿Qué puedo hacer para que esta chica se relaje? Quería hacer algo por ti que no he hecho por ninguna mujer desde hace mucho tiempo. Un favor, para ti, no para mí.

Sus palabras son un veneno en mis oídos.

Yo estoy paralizada de rabia, atorada entre él y la ventana de su apartamento. Veo unos postes del alumbrado a la distancia. Hacen que recuerde las luces de Nina, a un mundo de distancia. Lo primero que ella hizo como mi agente fue enviarme al apartamento de un fotógrafo, sola. Yo tenía diecisiete años.

—¿Por qué tienes tanto miedo de que te posean? —indaga él.

Me vuelvo para mirarlo, hirviendo de repugnancia con los dientes apretados.

—¡Solo tengo miedo de que me posea la persona equivocada! —le dije. Lo cierto es que estoy aterrada de estar en presencia de ese hombre.

¿Por qué caí en la trampa de las promesas de otro hombre? Quiero correr. Quiero esconderme. Quiero agitar una varita mágica y desaparecer. En cambio, este no es un cuento de hadas; esta es mi vida y no puedo escapar de ella.

Damien es un depredador hábil. Al principio, se ganó mi confianza. Se hizo mi amigo. Me dio comidas y vinos italianos finos. Me mostró los reinos del mundo y me ofreció las pasarelas de París. Mientras tanto, debe haber planeado ir por su presa cuando yo estaba convenientemente justo delante de él, desprevenida como Blancanieves, quien me estaba cazando. Lo que tenía que haber hecho, y lo que les digo a otras mujeres y chicas, es no permitirme nunca estar a solas con un hombre, y huir lejos y rápido si alguien intenta comprometerme.

¿Cómo es que una chica a sus veintitantos años puede creer sinceramente que un hombre de casi sesenta años solo disfruta de su compañía? ¿Cómo es que una mujer con educación universitaria puede estar bajo esa clase de hechizo?

Comienzo a decirle que no quiero lo mismo que él; quiero amor. Creo en el príncipe. Solo que todavía no lo conozco, pero sé que existe.

—Debes darte por vencida con el amor —me dijo, exhausto—. Ya no creo en él.

Pero yo sí, y no voy a renunciar a creer en él.

—Yo estoy destinado a la desdicha —dice en tono monótono.

¿Por qué es que no he permitido que este hombre me toque pero que me sienta sucia en su presencia? Temo que su desdicha se me transfiera.

De repente, nos interrumpe la explosión más escandalosa que hubiera oído. El fuego arde desde la cocina e irrumpe en la sala donde estamos nosotros. Llamas y pedazos de vidrio estallan desde la cocina.

—¡Dejaste el gas encendido! —grita él corriendo y culpándome.

Aturdido, corre hacia el fuego, maldiciendo y llenando cubos de agua, derramándolos con desesperación sobre las llamas que lamen como demonios felices.

Yo grito, lloro y gateo en el suelo, tratando de recoger el vidrio caliente.

—Lo siento mucho, lo siento mucho, pero yo no...

—¡Cuidado! ¡Te vas a cortar! —me dice lanzando agua al fuego y agrediéndome con maldiciones— ¡Chica tonta! ¿Cómo es que eres tan tonta?

—Dios mío, Dios mío... —digo yo.

—¡No! —grita él—. ¡Será mejor que le agradezcas a Dios que te salvó tu precioso rostro porque casi se destruye! ¡No puedo imaginar lo deformada que estarías!

Cuando por fin salgo de allí, el miedo corre en mí como una corriente eléctrica, pero no sé cuánto tardará en irse. Con vergüenza y confusión, camino de regreso a mi apartamento por las calles oscuras y sombrías de Milán.

—Yo nunca muero —refunfuñó Damien cuando yo estaba en la puerta, diciendo que lamentaba no haber estado parado en la cocina cuando explotó—. He estado cerca de la muerte miles de veces, pero no muero nunca.

♛

Unas semanas después, la agencia me programó una sesión de fotos en el estudio de Damien y me dijeron que yo tenía que estar allí.

Cuando llego, mi piel tiene acné. Para entonces había vivido en Milán unos seis meses y mi carrera se desplazaba al ritmo de un tren de alta velocidad. He estado en la pasarela, descendiendo por la cuesta inclinada de la anorexia. No tengo otra opción de entrada a ese escenario... tengo que pasar hambre.

Ahora bien, la ansiedad, el miedo, la soledad y las drogas se han manifestado en mi piel.

Cada vez más me dan ganas de dejar la industria del modelaje.

No puedo estar a la altura. Me encuentro cansada de que los hombres me digan que debo recibir un poco de sol, que me inyecte los labios, que cuide mi piel de mejor manera, que me alise el cabello, que use zapatos distintos, que camine de esta o de aquella forma, que suba o que baje de peso. Me siento que siempre me quedo corta sin importar lo mucho que me esfuerce.

El maquillador está trabajando en mi rostro cuando Damien llega y se para detrás de mí. Cuando veo su reflejo en el espejo, se me revuelve el estómago. Una vez él era como un ala de protección, ahora es un depredador.

Analiza mi acné en el espejo. «¿Qué pasa contigo?», exige y señala las imperfecciones en mi rostro.

Me encojo por dentro. Siento como si tuviera una deformidad y alguien hubiera puesto un reflector en ella, y que todos me señalaran y se rieran de mí.

Su hijo es el fotógrafo, una persona extraña, parecida a un duende de veintitantos años. Yo me esfuerzo lo mejor que puedo en la sesión, pero por dentro grito para que me liberen, para liberarme del análisis de ellos.

Alguna vez la cámara fue mi amiga; ahora es mi enemiga. Mi alma literalmente se está hastiando de que los hombres la pinten, la juzguen, la alaben, la regañen, la examinen y la persigan. Necesito un descanso. Necesito respirar... en alguna parte, sin maquillaje ni cámaras.

Ese fin de semana decidí huir de todo eso y quedarme en un hostal fuera de la ciudad. Bajo el disfraz de la protección, Damien envía a su hijo «para asegurarse de que no me pasa nada». Sin embargo, ese duende malvado se mete en mi habitación en la noche y se lleva lo que tenía que dar yo.

Estaba demasiado muerta por dentro. Creía la mentira de que era tan desechable como la manera en que me trataban. Creía la mentira de que era tan despreciable como la manera en que me hacían sentir. Creía la mentira de que era lo que el hombre decía que era. Si tuviera vida para volver a hacerlo todo, los destrozados hubieran sido ellos, no yo. En cambio, yo llevé las piezas rotas dentro de mi corazón en los años venideros.

Los cuentos de hadas eran una mentira. Los chicos caen, los hombres te roban, los padres fallan y los reyes traicionan. Sin embargo, yo averiguaría pronto que Dios protege, Dios salva, Dios redime y Dios sana.

♛

Cuando regresé a Milán, Damien descubrió lo que sucedió con su hijo y me desechó. Su «amor» se convirtió en odio. Me dijo que me había dejado mi *pace dei sensi*. Solo era una chica estadounidense tonta con un rostro bonito, y eso era todo.

Al principio, fui su posesión preciada; su pequeño descubrimiento, su ramillete, su bombón. Ahora tenía acné, era anoréxica, tonta y estaba destrozada, y no quería tener nada que ver conmigo.

«Ya no te necesito en mi vida», me dijo gruñendo la última vez que lo vi. Extendiéndose para tocarme, presionó con dureza su pulgar en el grano enquistado que sobresalía al lado de mi boca y se rio de mí con perversidad.

Me alejé deprisa de él y corrí bajo la lluvia con la cabeza agachada para que no pudiera ver mis lágrimas.

Poco después, comencé a tener terribles dolores de cabeza y la vista borrosa. El acné comenzó a posesionarse de mi rostro, una sentencia de muerte para la carrera de una modelo. En busca de agradar a mi otro rey, Giorgio Armani, mi cuerpo se puso peligrosamente esquelético. Mis ojos se me hundieron y ahuecaron; ya no me veía como la joven que comenzó llena de vida. La oscuridad nubló mi corazón y mi alma.

La palabra modelo en francés es *le mannequin*, y eso éramos para casi todos los hombres, maniquíes sobre los que podían colgar ropa; maniquíes que podían colocar como quisieran; maniquíes que podían despedazar y desechar cuando una nueva modelo llegaba a la ciudad. Cosas de plástico para comprar, vender, negociar, rechazar y desechar cuando acaban con nosotros.

Debido a que todos me decían que estaba demasiado delgada, traté de comer con buen apetito por una semana o dos, hasta me rellenaba el rostro para subir de peso. Sin embargo, cuando me presenté para las exhibiciones de primavera, Armani pudo sentir la media pulgada adicional alrededor de mi cintura. Me mandó fuera del escenario. El estilista me quitó la ropa y me dejó preguntándome qué acababa de ocurrir, parada sola en el enorme vestidor, hasta que por fin llegó alguien y me dijo que «terminaron» conmigo.

Regresé a la agencia y era evidente que los hombres estaban molestos conmigo. Me cancelaron para las exhibiciones de Armani, y el resto de mis trabajos de ese mes también se cancelaron.

«¡Te ves enferma!», me dijo mi representante artístico al otro lado del salón delante de todos. «¡Te ves tan pálida como la *mozzarella*!». Luego, se volteó hacia otra chica, una chica de rostro nuevo que acababa de llegar a la ciudad, y comenzó a llenarla de halagos y atención.

Yo había permitido que el hombre fuera mi espejo, y en el reflejo de ese espejo todo lo que veía era una visión distorsionada de mi valor: solo era tan buena como me veía ese día. Solo era tan buena como decían que era. Un día era bella, el siguiente no. Un día era querida, al siguiente ya no.

Cuando comencé a modelar, Nina era mi espejo. Por años y años, la alabanza de los fotógrafos era mi sello de aprobación. En cambio ahora, debido a Damien y Armani, debido a todos los fotógrafos y a los agentes que sostenían su lupa sobre mí para analizar mi apariencia, ya no veía nada bueno en mí. Solo veía lo que estaba mal, lo que *no* estaba bien en mí. La forma en que me veían llegó a ser la forma en que yo me veía a mí misma. Estos hombres, los que sostenían la cinta medidora alrededor de mi cintura, que llevaban la brocha de maquillaje a mis ojos, el exposímetro a mi mejilla, el boleto a mi carrera, llegaron a ser mi fuente de validación. Eran los que medían mi belleza, los que preguntaban: ¿es un artículo de alto valor o es solo promedio? ¿Cuánto piensas que *vale*?

Un día vales mucho; al siguiente no vales nada. Los humanos pueden llegar a ser prismas venenosos, lentes distorsionadores que deforman nuestro valor. Cuando les damos poder, pueden cambiar por completo la forma en que nos vemos y la forma en que vemos el mundo.

No obstante, los humanos también pueden actuar como lentes cristalizadores para nosotros, reajustando nuestra mirada en el único espejo que no miente nunca.

Chi Cerca Trova

Parecía que hubiera iglesias en cada esquina en Italia. En mi camino a los *castings*, me paraba en las aceras y estiraba el cuello para admirar las estructuras inmensas. A veces, mientras miraba hacia arriba, susurraba mi mantra: *Chi cerca trova.*

El que busca, encuentra.

Cuando llegué a Milán, entré en una de las iglesias más cercanas a la vuelta de la esquina de mi apartamento. Por curiosidad, hice lo que las italianas hacían: dejaban caer una moneda en la caja de la ofrenda, haciéndose la señal de la cruz. Hice lo mismo una mañana e hice una oración por mi éxito allí.

No mucho después, tuve éxito... como lo define el mundo. Comencé a trabajar casi todos los días, mientras que muchas modelos batallaban por encontrar trabajo. Varias chicas preciosas de todos los rincones del mundo buscaban la afirmación de los hombres en el negocio y rara vez lo obtenían. Vi sus paseos de montaña rusa de primera mano, sin siquiera darme cuenta de que yo estaba en el mismo viaje.

Al fin y al cabo, yo quería amor, lo que todos queremos, así que cuando la montaña rusa de aprobación y rechazo tocó fondo, comencé a orar por amor en su lugar.

Ansiosa por dejar la oscuridad que encontré en Milán, planifiqué mudarme a Múnich, donde podía ganar mucho dinero haciendo trabajo de catálogo. En cambio, todavía tenía un espíritu errante y el deseo de ver «la belleza de Italia». Así que antes de irme del país, le dije a mi representante que me buscara trabajo en Roma. Me encontraron un trabajo de pasarela con uno de los diseñadores más llamativos que hubiera visto jamás.

Para la exhibición, el estilista literalmente me disfrazaba como si fuera una barra de dulce con zapatos de tacón de aguja. Yo batallaba para no reírme de lo ridículo que era el traje de rayas rojas y blancas, e incluso en el escenario, me di cuenta de lo absurdo de este desfile en particular. Para la gran final, me enviaron a la pasarela vestida como la novia de Drácula, con una cola de tres metros de largo de satín y encaje. El extravagante vestido de novia se arqueaba en la parte de enfrente para revelar unos pantalones cortos negros de satín, unas medias de red y tacones altos. La pasarela era una rampa en forma de «I» y no de «T», por lo que no había lugar para que me diera vuelta al final. Al no haber practicado dar la vuelta con esta cola que abarcaba la mitad de la pasarela atrás de mí, me detuve por un momento, sin saber cómo rayos iba a girar sin tropezar con la tela.

Entonces, una imagen destelló en mi mente: esa gente elegante, con esmoquin, coronas de diamantes y abrigos de pieles tenían corazones debajo de todas esas capas. Todos esos solo eran «hombres». ¿Qué tenía que temer de ellos? ¿Que me cayera? ¿Que se rieran? ¿Que me rechazaran? Por un momento no me importó.

Agarré la cola con mi mano derecha y la lancé con rapidez de manera que pasó, con sus tres metros, por encima de sus cabezas. En un segundo, me di vuelta y caminé con firmeza por esa pasarela, mientras todos se quedaron boquiabiertos y luego irrumpieron con un aplauso. Salí del escenario, casi sin girar la cabeza. Ya no me importaba el aplauso; no me satisfacía en realidad. No podía quitarme ese traje lo bastante rápido. Había llegado a ver lo que era de veras bello. Había llegado a ver Roma.

A la mañana siguiente, salí del hotel antes del amanecer, sujetando mi pasaje hacia el Vaticano. Estar de pie en la Plaza de San Pedro al amanecer fue más gratificante para mí que entrevistarme con Gucci o Versace. Pasé por los guardias suizos con sus trajes de soldados de plomo y entré a la iglesia. Allí, a la derecha de la entrada, estaba la *Pieta* de Miguel Ángel, su única obra firmada: una escultura de María, la madre de Cristo, con el cuerpo de su hijo desplomado en los enormes dobleces de su túnica. En su rostro vi la verdadera *pace dei sensi*, la clase de paz que no puede robar el gran sufrimiento. En su rostro vi belleza, no la belleza que se encuentra en las revistas. La verdadera belleza que viene de una vida de fe.

Mientras recorría los pasillos al parecer interminables del museo del Vaticano, sentí como si estuviera en un viaje eterno, como si el piso de mármol moviera mis pies hacia delante, mientras una película pasaba en cámara rápida en mi mente: imagen tras imagen, pintura tras pintura, escultura tras escultura, kilómetro tras kilómetro, en todos lados veía a *Dios. Hombres. Ángeles. Demonios. Pecadores. Limosneros. Prostitutas. Profetas.* Y, casi siempre, a *Jesús.*

Cuando llegué a la Capilla Sixtina, no podía imaginar que pudiera haber más. Sin embargo, había mucho más: querubines, ángeles cubiertos con bandas de púrpura y oro. La creación, Dios extendiéndose y tocando la mano del hombre. Eva, la serpiente. La caída con todo su gran dolor.

Husmeé en otras iglesias en Roma y toqué las bancas, observé a la gente que pasaba por esas puertas abiertas para orar a toda hora del día y de la noche.

En el camino de regreso a Milán, me detuve en Siena, una pequeña ciudad sobre una de las colinas de la Toscana en las afueras de Roma. Allí, en un autobús, conocí a una chica que visitó la ciudad conmigo al día siguiente. Ella se sentó en la plaza, y con una claridad sencilla, me dijo que yo necesitaba a Cristo en mi vida. Esta chica me miró directo a los ojos y, con su voz suave y serena, me habló de Jesús y del Espíritu Santo.

—Yo oro —le dije.

—¿A quién? —me preguntó ella, una pregunta que no pude responder.

Con palabras amables y compasivas, me sugirió que orara en el nombre de Jesús y que leyera la Biblia. Solo acepté su consejo y lo guardé no para mí, creyendo todavía que yo misma podía forjarme mi propio camino y labrar mis propios sueños.

Seguí hacia Múnich, donde los días y las noches eran largos. En lo peor del invierno, caminaba en las aceras heladas de cita en cita, temblando hasta los huesos, inclinada en dirección al viento. En las entrevistas simulaba una sonrisa mientras otro hombre y otra mujer evaluaban mi rostro y cuerpo en cuanto a las ganancias que pudieran rendirles. A veces, los maquilladores y fotógrafos hasta me ordenaban que me «viera más feliz» en el escenario.

Mi espíritu comenzó a hacer sonar su taza vacía en la celda de la cárcel de mi cuerpo y empecé a ponerme en contra de mi propio ser. Fumaba y bebía demasiado, comiendo de manera compulsiva un día y matándome de hambre al siguiente, me quedaba en cama por largas horas mientras unas voces desmenuzaban mi autoestima haciendo estallar mensajes en mi cerebro. No era lo bastante buena, lo bastante bella, lo bastante perfecta. Nadie me amaba, nadie me veía, nadie me conocía, no había salida. Las voces circulaban en mi cabeza como un carrusel a alta velocidad.

Una noche, llegó a ser demasiado para mí. En un momento de desesperación silenciosa y calculada, traté de ahogarme en la bañera. Las voces me animaban.

Mi cabeza estaba debajo del agua. El aire se acababa y comencé a sentir pánico. Entonces, en mi imaginación aparecieron visiones de mí cuando era niña. Era pura, bella, libre. Estaba llena de alegría. No había lucha ni dolor. Pensé en mi familia y recordé que me amaban.

Sollozando y sin aliento al mismo tiempo, tragué agua, comencé a toser y me puse de pie como un géiser de tierra fértil.

«Jennifer, levántate». Llama la voz. Viene de la ventana y yo me siento derecha. He estado acostada bajo capas de colchas por muchas horas. Mi cabeza late con fuerza. ¿Qué hora es? ¿Qué día es?

La luz entra por el vidrio de la ventana cargada de nieve y proyecta un arcoíris en el piso.

¿Quién era? Podía haber jurado que escuché mi nombre.

Me vuelvo a acostar para calentarme, pero estoy temblando, congelada. Cierro los ojos con fuerza y trato de volverme a dormir. Solo quiero estar allí debajo de las colchas.

«Jennifer, levántate».

Me siento derecha esta vez; me pongo de pie.

Entro al baño y me lavo la cara, tratando de no ver la bañera. Me visto. Paso por alto la luz intermitente de la contestadora automática. Sé que es mi agencia que me dice algo de una cita tonta. No quiero ir. He estado en doscientas citas tontas y no voy a responder a esa luz hoy.

Tomo el metro hacia un parque y me quedo allí todo el día. El Danubio pasa por él como un cordón azul de hielo que se entrelaza con un paisaje esmeralda. Hay un enorme mirador de piedra situado en la cima de una montaña donde la gente se reúne en las tardes para ver la puesta del sol, tocar música, tener un picnic, tomarse de las manos y conversar. Envidio a los amantes, pero envidio mucho más a los amigos. Envidio la comida que comen. Envidio su compañía. Envidio sus sonrisas, sus risas en especial.

Elijo un asiento en la base de uno de los pilares del mirador para poder oír un poco de música. El hombre que está detrás de mí canta y toca su guitarra, con su voz alta y dulce. Me volteo para verlo y él extiende su mano hacia una vieja caja de cartón de libros y me entrega un Nuevo Testamento en alemán.

La portada es de color zafiro y las palabras están grabadas en oro. Lo tomo en mis manos.

Él y sus amigos apenas hablan inglés. Son tan amables cuando se dan cuenta de que estoy sola en el parque que ofrecen acompañarme al salir.

Justo cuando nos acercamos al linde del bosque oscuro, estos desconocidos se detienen y oran por mí. Es la cosa más extraña oírlos decir mi nombre en alemán.

Me preguntan si me gustaría ir a la iglesia con ellos el viernes por la noche. No creo que a nadie más en el continente le importara mi bienestar, así que voy.

♕

Llega el viernes y la nieve que cae salpica la noche de asombro. Ellos me recogen y me llevan a una pequeña iglesia de ladrillo en las afueras de la ciudad. Cuando la veo desde el automóvil, todas las ventanas están iluminadas. Es como una resplandeciente piedra de topacio incrustada en las acumulaciones del algodón de la nieve.

Cuando me abren la puerta, sale el aire cálido, trepa dentro de mi abrigo y me abraza como una colcha caliente.

Lo tomo como un abrazo.

Si alguien pudiera saborear la alegría, yo la saboreo en ese lugar. Humedece mi paladar y la dulzura me hace agua la boca. Los niños corren por aquí y por allá; los adultos ríen. Hay abrigos grandes, abrazos y risas grandes, y apretones de manos grandes que estremecen mi estructura huesuda. Las sonrisas y los cantos llenan el salón. Y aunque no entiendo ni una palabra del sermón, mi espíritu comienza a asomar su cabeza desde su tumba lagrimosa.

Regreso a la iglesia el siguiente viernes por la noche. La gente allí está a mundos de distancia de lo que veo en el mundo de la moda. Hablan conmigo, no solo a mí, y hacen lo mejor posible para ayudarme a entender. Esta vez me buscan un intérprete que se sienta a mi lado y me susurra al oído el sermón. Después me invitan a comer con ellos, y cuando lo hacemos, nadie ve la forma en que como ni me excluye de alguna historia. No parece que observen mis imperfecciones ni el hecho de que mi pace dei sensi se ha ido. No ven mi cuerpo ni mis medidas, sino mi corazón. No me siento como que tenga que usar ninguna clase de máscara cuando estoy con ellos.

Cuando tengo preguntas de ese Jesús del que hablan, solo las responden con claridad y franqueza. Me explican el evangelio: que la fe en la sangre de Cristo nos da el perdón de pecados, el cielo y todo lo que necesitamos para la vida; y la tercera vez que voy a la iglesia, una chica llamada Noemí llega saltando de las bancas de atrás con un libro en sus manos, casi incapaz de contener su emoción.

«¡Jenny-fair! ¡Jenny-fair! ¡Te encontré una Biblia en inglés!», exclama con su rostro radiante.

Las páginas desgastadas y delgadas se sienten bien en mis manos. La meto en mi bolsillo y la llevo a casa.

De regreso en mi apartamento por la noche, siento mucha curiosidad por ese librito. De alguna manera, me atrae. Comienzo a tener sed solo de él, de sus páginas frágiles, suaves y delicadas.

Lo más impactante de Jesús para mí es que Él ama a los que no ama nuestro mundo. Él toca a los que nadie quiere tocar y es amigo de *los que rechazan los orgullosos. Él ama a todos, a la gente que está llena de pecado y dolor, al débil, al quebrantado, al confundido... Me siento como si toda mi vida hubiera estado esperando conocerlo, y ahora que lo he hecho, quiero seguirlo a dondequiera que vaya. Guardo ese librito en mi bolsillo de atrás y lo leo en los trenes, al esperar las entrevistas y en casa en la noche.*

A la luz de las velas, devoro casi todo el libro de Mateo, luego empaco mi mochila para salir un fin de semana. Tomo un tren hacia la base del Zugspitze, la montaña más alta de Alemania, y me quedo en una pequeña casa de huéspedes para terminar de leer los últimos capítulos. En mi habitación alquilada, me siento en un pequeño escritorio y veo por una ventana la nieve que desciende. Arropada con una colcha, envuelta desde mis hombros hasta los dedos de los pies, leo la historia del fin de la vida de Jesús.

En las páginas de esa Palabra, descubro a un hombre que me ama, a pesar de las formas en las que yo no he llenado las expectativas del hombre. Descubro a un hombre que me acepta tal como soy. Un hombre que me ofrece libertad de la esclavitud de mi vida. Un rey que nunca me dejará ni me abandonará.

Me enamoro mucho de Él.

En una colcha blanca de nieve en la montaña Zugspitze, me tiendo en el suelo y le abro mi corazón a Jesús. No sé nada de las Escrituras, ni de teología, ni de denominaciones, ni de la iglesia. Solo sé que encontré al que ama mi alma y que Él es mi única esperanza. Allí, en la nieve, muero a las mentiras de mi vieja vida, y cuando me levanto, ante mí hay un nuevo inicio. He resucitado y soy nueva.

Después de quince años en la industria del modelaje, empaco mis maletas y me voy. No necesito explicarle a nadie por qué me voy. La gente de la iglesia le traduce a mi agencia alemana que ya no voy a modelar y le pide que informe por mí al resto de agencias. He terminado.

Dejo todo un mundo atrás que dice: Tú eres lo que yo digo que eres. Haces lo que yo digo que hagas. Y termino contigo cuando termine contigo.

Esta vez es mi turno para hablar. Digo: Para mí esto no es bello y me voy en busca de lo que es bello.

El que busca, encuentra

En los años siguientes me siento cada vez más enamorada de mi Rey. Cuando el hombre me mintió, Dios me dijo la verdad. Cuando el hombre trató de atraerme de regreso a mis viejos caminos, Dios me dijo que me alejara. Cuando el hombre trató de doblegarme con sus reglas, Dios me liberó para que tomara su camino. Cuando el hombre me dio la espalda, Dios me extendió sus brazos.

Derramé en oraciones hambrientas las cosas que no podía explicar. Página tras página de mis diarios, libro tras libro, llegaron a estar llenos de oraciones, anhelos, preguntas... y a cambio llegaron respuestas a través de su Palabra y Espíritu. Mis diarios comenzaron a ser una crónica de nuestras conversaciones. Yo pedía, con hambre de saber, y Él respondía con sorbos de sabiduría, bocados de verdad, un banquete de fe.

Entonces, como es natural, yo anhelaba un hombre.

Shane llegó justo en el tiempo apropiado, como cuatro años después que dejé el modelaje. Era grande y robusto, guapo, fuerte, divertido, fiel, ambicioso, y había visto profundidades mucho mayores que yo. A finales de su adolescencia, se alejó de su familia y de su fe, y viajó por años en busca de lo que le satisfaría. Cuando tocó fondo en su resbaloso foso cubierto de lodo, decidió que Dios y la familia eran la respuesta a sus preguntas. Él también se alejó de una vida de mentiras y se esforzaba al máximo para comenzar de nuevo... en el camino de Dios. Shane era un milagro tan difícil como yo.

♛

Su mano se siente muy bien con la mía, como un tibio mitón acabado de calentar. Sus ojos danzan cuando ríe. Es infantil, muy divertido y me hace reír. Cuando habla de la granja donde creció en Texas, brillan sus ojos y se ilumina todo su rostro.

Su encanto sureño me atrae. Me da serenatas en el auto, hace de pinchadiscos, me recoge cada domingo en la mañana y me lleva a la iglesia. Se sienta en su camioneta conmigo por horas oyéndome hablar, como si fuera la única en el mundo que le importa. Tiene un corazón grande y generoso, y sueños grandes y bellos. No se abruma en absoluto por mi dolor; es mucho más fuerte que yo. Se enamora de mí y se siente como un óleo que sana y que gotea en las grietas de mi corazón.

Desde el principio, un día en la playa arenosa de México, sé con quién trato. En un instante veo el tono dorado de sol en el costado de su rostro y lo sé.

Hemos pasado la mejor parte del día esperando nuestro turno en la arena caliente del verano, viendo dos caballos caminar de un lado a otro en la playa, llevando turistas insatisfechos en sus lomos. Los espíritus de los caballos están cansados, y sus pelajes palpitan y sudan. Mientras Shane y yo estamos sentados en la playa viendo esa patética exhibición, nos inclinamos y susurramos: «Me pregunto si podemos hacer que esos caballos vuelvan a correr».

Cuando es nuestro turno, montamos y les damos una patada para que se pongan en acción. Y saltan como un relámpago.

Cuando la multitud en la playa ve a esos caballos sarnosos acercándose a todo galope, corren para protegerse. Con una sonrisa y un gesto con la cabeza, Shane señala hacia las islas y nos dirigimos al horizonte. La parte interior de nuestros muslos se aferra a los costados de los caballos. Cuando los cascos descienden, rocían agua en cuentas cristalizadas y el viento nos levanta bajo sus alas. Montado en un semental blanco moteado, Shane piensa: Soy un vaquero; sé cómo montar caballo y no hay forma de que esta chica de California logre mantener el paso conmigo. Sin embargo, cuando voltea su cabeza para ver cuánto me ha avanzado en la arena, estoy justo allí a su lado, montando alto y libre.

El sol ilumina su luz dorada sobre su mejilla. Veo el reflejo en su rostro y mi corazón da un vuelco, y sé que encontré a mi príncipe.

Cuando regreso, le envío un correo electrónico a mi mejor amiga. «Conocí a un chico llamado Shane. Montamos caballo en la playa, ¡y me voy a casar con él!».

«Cálmate un poco, engreída», responde escribiendo, «no vivimos en una telenovela».

«Ay, sí, ¡así es!», le respondo. No tengo intenciones de calmarme. El

sentimiento es cada vez más fuerte. La conexión de nuestras almas es innegable y, por fin, el día llega para nosotros, el día con el que sueña cada chica.

Parada al final del pasillo, estoy vestida de blanco. La tela delicada y pura de mi velo me nubla la visión con suavidad, pero puedo ver todo el camino por la pasarela iluminada por el sol hacia mi novio. Al descubrir apenas semanas antes de la boda que mi vestido me quedaba demasiado corto, las costureras le agregaron centímetros al dobladillo de satín, extendiendo la cola con vides de bordados hechos a mano, lentejuelas y perlas. Mi padre levanta con sumo cuidado el velo, me besa en la mejilla y yo veo en los ojos de Shane el resplandor del amor verdadero.

Con esmero, recitamos nuestros votos, y luego es tiempo de tomar el Cuerpo y la Sangre. Contengo un torrente de lágrimas, tratando de no manchar mi maquillaje de bodas. Cuando saboreo el pan en mi boca, recuerdo cómo Dios extendió su mano hacia el lugar más oscuro de mi alma y me ofreció toda una nueva vida. Él llevó a cabo una obra aun mayor al redimir a Shane. Inclinamos las copas hacia atrás y el vino cubre nuestras gargantas. Estoy muy agradecida de que me salvaran, amaran y valoraran así, para estar vestida de blanco y para que mi novio me esperara y me tratara como si valiera la pena esperarme. Este día es un milagro.

¿Hombre o espejo?

Fue un camino largo y accidentado el que nos llevó a los dos al altar. Sin duda, Shane vio a una novia potencial en mí, y de seguro quería cargarme en sus brazos y llevarme al castillo. Es más, rediseñó todo el jardín de atrás para que estuviera un frondoso cuando yo llegara por primera vez como su esposa. Preparó ese lugar para mí.

Y aunque llegué limpia por fe al matrimonio, todavía había muchas piezas rotas sepultadas en el fondo de mi corazón. Todavía tenía el hábito de hacer que el hombre fuera mi espejo, y como ocurre con muchas novias, convertí a Shane en el príncipe que se suponía que debía ser mi rey perfecto para todo.

Si él tenía un buen día y llegaba a casa y me felicitaba, elogiándome por la cena, observando lo bien que se veía la casa o que me veía yo, me sentía muy bien. En cambio, si no lo hacía, me sentía terrible, pensaba que no me miraba o no me amaba, o que algo andaba mal. ¡Pobre hombre! Si estaba feliz, yo estaba feliz. Si estaba malhumorado, yo estaba malhumorada. Si estaba enojado, yo me enojaba. Si se ponía juguetón, yo también. Qué montaña rusa.

De lo que no me daba cuenta era que aun cuando Shane ahora era mi esposo, eso no quería decir que tuviera la responsabilidad de mi felicidad. A veces su mente no estaba en mí. Pensaba en otras cosas. Tuvimos dos bebés en los primeros tres años, por lo que yo lidiaba con pañales y rabietas, y él lidiaba con su trabajo. Nos amábamos, pero había muchos días en los que no nos dedicábamos al otro con amor, justo de la manera en que lo hacíamos cuando éramos novios.

Es muy fácil confundirse con el asunto del *príncipe*. Al igual que las princesas de los cuentos de hadas, pensamos que nuestros esposos son los que siempre van a decirnos que somos amadas, valoradas y que merecemos una esperanza y un futuro. Esperamos que asuman la responsabilidad de nuestra paz y alegría, pero acabamos como un barco sin ancla, zarandeado y arrastrado por el viento.

Cuando una mujer hace de un hombre su espejo, cometemos injusticias tanto con él como con nosotras. A ningún hombre lo diseñaron nunca para que sea el reflejo exacto de nuestro valor, belleza, estima ni propósito. El hombre y la mujer nunca se diseñaron para que se definieran entre sí. Por lo que cuando recurrimos a nuestro esposo para que sea el reflejo perfecto de nuestro valor, tratamos de obtener de él algo que no tiene la capacidad de dar.

En cambio, cuando ambos recurrimos al Padre por nuestro reflejo, tenemos más amor que dar. Cuando nos alejamos del espejo con el que podemos ver hacia el espejo con el que no podemos ver, nuestra visión llega a ser 20/20. Todo se cristaliza y, a través de los lentes de la Palabra, vemos con exactitud quién es el hombre, quién es Dios, quiénes somos nosotros y lo que necesitamos ver.

Debemos recordar: Dios vino como hombre, y solo su amor puede resucitar a una chica.

2

La primera verdad:

ERES UNA HIJA AMADA

Aférrate a lo que tienes, para que nadie te quite la corona.

APOCALIPSIS 3:11

El hombre

Estoy llorando. No son lágrimas superficiales. Esto es dolor que afecta cada fibra misma de mi ser.

Hay muchísimos malentendidos y todo es una desarmonía de voces confusas. Recelo, traición, verdades y mentiras… no puedo distinguir quién tiene la razón ni quién está equivocado, y qué narices voy a hacer en cuanto a eso. He probado con la consejería, el control, la defensa y la discusión. He gritado. He llorado, he suplicado, he razonado. He tratado de reparar este cuadro destrozado que se cayó de la pared y se quebró en el suelo. Aun así, solo he acabado más herida. Mis esfuerzos me han fallado y llevado a nada más que el quebrantamiento.

Me postro sobre mis rodillas. Sobre mis rodillas, el hombre es hombre y Dios es Dios. De rodillas, todos somos caídos. Mientras más veo mi circunstancia más me lamento. Sin embargo, mientras más miro hacia arriba, veo más. Él está en su trono, aun así está tan alcanzable que gateo como una niñita a su regazo. Él me envuelve en sus brazos. Yo me reclino en sus hombros y apoyo mi cabeza en su corazón. Todo el esfuerzo de mi cuerpo se escurre de mí y lloro, descanso y grito un poco más… y comienzo a relajarme.

Estoy muy agotada de batallar con el hombre. Solo quiero permanecer aquí en tu regazo, Dios. Quiero sumirme y sentir tu enormidad, la manera en que me conoces y me amas sin falla. Quiero beber de tu dulce gracia, saborear tu misericordia y ser bautizada en las aguas de tu sangre.

Al sostenerme, Él me baja de nuevo y me sumerge. La gracia en todas sus formas fluye sobre mí en olas. Mientras me hundo de manera más profunda aún, mi alma se tranquiliza. A través de los rayos de luz veo sus ojos, su boca, su barba y Él es tan grande como el cielo. Y siento que me dice: «Te amo».

Él sostiene todo mi cuerpo, y mientras vuelvo a surgir del agua, mis cadenas caen en el fondo del mar con un ruido metálico pesado. Más liviana, salgo y absorbo el aire. Las dulces gotas de gracia gotean en mi rostro. Me siento toda limpia, me han restregado por dentro. Siento esas fibras desenredadas y fibras raídas que se vuelven a unir y que se fusionan en un nuevo patrón; Él me está reconstruyendo con ternura.

Mis heridas permanecen abiertas, pero las inunda una ola de limpieza que corre como un río sobre las piedras rotas e imperfectas.

La fortaleza comienza a fluir en mis venas.

Cuando me pongo de pie, siento que puedo vivir otra vez.

♛

A veces, el hombre puede parecer muy poderoso, muy importante. Puede susurrar palabras adorables en nuestros oídos y todo el mundo guarda silencio. Puede azotarnos con maldiciones descuidadas y cicatrizar las cámaras internas de nuestro corazón. Puede elevar todo nuestro cuerpo y alma con solo mirarnos a los ojos; aun así, su abandono o muerte puede derribarnos al suelo. Puede hacer que nuestros corazones salten de alegría o que lloren de angustia. Podemos permitir que su amor sea nuestro centro, y el deseo de su amor, una locura agotadora. Podemos permitirle que nos proteja como un escudo fiel o que nos perfore como una flecha en llamas. Cuando caemos, anhelamos que él se pare, que extienda su mano y nos levante de las cenizas.

El impacto que el hombre, y la gente en general, puede tener en nosotras es importante. Cuando recurrimos al hombre para que nos diga nuestro valor, podemos acabar llenas de orgullo asqueroso, o vacías como una lata desechada. Podemos acabar sanadas de manera radical o sangrando con severidad.

El hombre se creó a la imagen de Dios, pero no es un dios. Las mujeres se crearon a la imagen de Dios; no somos reflejos del hombre. Somos tanto la gloria como la corona del hombre, su complemento y conclusión; pero él no nos dice quiénes somos ni calcula nuestro valor como joyas en una escala.

El hombre es una niebla, está aquí un día y desaparece al siguiente. Es más, Dios puede soplar su aliento sobre un hombre y este puede caer muerto. «Todo mortal es como la hierba», escribe Isaías. «La hierba se seca y la flor se marchita, porque el aliento del Señor sopla sobre ellas» (Isaías 40:6-7). Como una flor, el hombre surge, tiene su tiempo de gloria y luego se desvanece y muere, a veces poco a poco, a veces en una ráfaga de viento. En el Salmo 144:3-4, David pregunta: «Señor, ¿qué es el mortal para que lo cuides? ¿Qué es el ser humano para que en él pienses? Todo mortal es como un suspiro; sus días son fugaces como una sombra».

Del polvo salimos y al polvo volveremos, y nuestros espíritus regresan a Dios que nos creó. Así que el hombre no es permanente, es un suspiro, una sombra, una flor, hierba. Aun así, lo necesitamos. Y él nos necesita a nosotras.

Soy mujer

Quiero ver que me mire a los ojos y que ilumine todo desde dentro. Quiero que me ame. Quiero verlo con suma urgencia en su rostro. En cambio, está preocupado ahora por el trabajo. Puede reír y jugar, pero en su interior piensa en mantenernos.

Quiere comprarme esas sillas nuevas, esos zapatos; dice que la casa necesita un techo nuevo y canales para soportar las lluvias venideras; anhela plantar más árboles y llevarme a esas vacaciones que he estado esperando. Él es un hombre que nació para proveer. Sin embargo, apenas puede mirarme a los ojos justo ahora porque detesta que fuera tan difícil.

Aun así, soy mujer. Todo lo que quiero es sus brazos amorosos a mi alrededor, mis hijos seguros en casa. Sí quiero esas sillas nuevas, lo admito, zapatos nuevos y ropa nueva, y unas vacaciones. Sin embargo, por encima de todo anhelo que su cuerpo esté a mi lado, que sus manos se entrelacen en mi cabello, que su boca se presione en mi piel. Quiero perderme en él y ahogarme en su amor. Ojo con ojo, corazón con corazón, quiero recibirlo así, con nuestro amor como una oración. Y ambos queremos reír por un tiempo antes de que el mundo comience su día.

Saboreamos esos momentos, pero la mayor parte del tiempo no es así en absoluto. Solo es la vida real: el despertador me espabila para oír un bebé que llora, hay que hacer el desayuno, formularios escolares que firmar, almuerzos que empacar, niños que vestir y consolar, y un gran autobús amarillo para despedir a nuestros niños mientras se van a otro día de aprendizaje. Me volteo y hay platos que lavar, pisos que limpiar, ropa que doblar, un bebé que cuidar y un rostro cansado en el espejo que requiere de mucho trabajo para que luzca bonito. Para él, hay correos electrónicos y mensajes de texto, llamadas telefónicas y reuniones, basura que sacar y tanques de gasolina que llenar, negocios que hacer en la puerta de inicio y conducir hasta la meta. Es todo un nuevo día de luchar por su lugar en este dificilísimo mundo.

A veces, no tenemos suficiente verdad en nuestra cabeza, y esas mentiras de nuestros pasados, las que se suponía que debíamos arrojar en el agua bautismal, comienzan a hacernos tropezar. Nos preguntamos si vamos a lograrlo. A pesar de eso, estamos casadas, así que depende de nosotros que limpiemos los estragos de nuestros corazones.

Caemos de rodillas y nuestros gritos llegan a los oídos de nuestros corazones. La luz fluye en nuestra habitación a oscuras. El amor se eleva, la misericordia cae, y otra vez somos uno. Ojo con ojo, corazón con corazón, el matrimonio como incienso, el humo de nuestras oraciones.

Antes de la caída, el valor de Eva estaba arraigado solo en Dios. Tanto ella como Adán recurrían a Él como medida de su valor. Dios proveía todo lo que necesitaban; Él era más que suficiente. Entonces, después de su intercambio engañoso con esa serpiente mentirosa, todo se desequilibró.

Como consecuencia, Él maldijo a la serpiente con sus palabras: «Te arrastrarás sobre tu vientre, y comerás polvo todos los días de tu vida», declaró Él, proclamando que habría una hostilidad continua entre la serpiente y la mujer, y entre su descendencia y la de ella. «Su simiente te aplastará la cabeza, pero tú le morderás el talón» (Génesis 3:14-15).

A veces experimentamos hostilidades. Es doloroso levantarse en la mañana, y a lo largo del día sentimos como si esa herida agotara la fortaleza de nosotras con cada paso. A veces se siente como si alguien se interpusiera en nuestro camino, nos hace tropezar en medio de los senderos del matrimonio, de la maternidad, de las amistades y de las relaciones. A veces caemos de cara al suelo.

Me pregunto cómo fue para Eva. Sé que durante sus días en la tierra, Eva anhelaba el regreso al paraíso donde pudiera caminar con Dios y hablar con Él en el fresco del día; donde pudiera amar y ser amada por su esposo sin las complicaciones del egoísmo y la vergüenza, del engaño y la desesperación.

Debido a que los primeros humanos decidieron oír a su oponente y no a la voz de Dios, todo se alteró. Apropiado o no para la mente del hombre, el castigo de Dios era seguro: Eva y cada mujer después de ella experimentaría aflicción y dolor para dar a luz a sus hijos. Encima de eso, las mujeres poseerían un deseo desproporcionado por sus esposos.

Al igual que la de Eva, la consecuencia de Adán se ajusta a su naturaleza: él y cada hombre después de él trabajarían con el sudor de su frente todos los días de su vida. A través del doloroso afán batallarían con la tierra maldita. La tierra produciría cardos y espinas con los que tendrían que lidiar, a fin de sustentar el tesoro que alguna vez estuvo disponible de inmediato. Y después de todo eso, se les destinó a volver al polvo en la muerte.

En eso está nuestra maldición. Como resultado, los hombres se ven impulsados por naturaleza a recurrir al trabajo en busca de su valor, mientras que las mujeres recurren a sus esposos... cuando siempre nos diseñaron para buscar a Dios.

Habla Eva

Fue más confuso de lo que podrías pensar. Me fui sola. Me alejé de Dios y de mi esposo. No debí hacer eso nunca; ellos siempre me daban la protección que necesitaba. Comencé a oír a la serpiente y a contemplar sus mentiras escurridizas. De alguna forma, llegué a la conclusión de que era razonable pasar por alto los mandamientos de Dios. Dudé de su bondad, aunque sabía muy bien que su Palabra era perfecta.

La serpiente me prometió que podría tener lo que tontamente deseaba: más. Más riqueza, más poder, más valentía. Fue muy tentador creer que en realidad podría ser como Dios en saber lo que sabía Él.

La serpiente lo hizo ver tan atractivo, tan bello, tener esa clase de poder, forjar mi propio camino.

En cambio, ese fue mi desatino: ¡ya tenía poder disponible para mí! Se nos dio dominio sobre la tierra, las criaturas del mar y las bestias del campo. ¡Tenía autoridad! Sin embargo, esa serpiente accedió a ese lugar de anhelos de mi alma que solo podía llenar Dios. Lo hizo parecer como si yo sería «más» si le obedecía. ¡Pero yo ya era más! Tenía al Señor Dios disponible para mí; tenía acceso a más satisfacción de la que pudiera soñar tener cualquier mujer.

Soy perdonada: Solo quiero decirlo con claridad. El linaje de mi tercer hijo, Set, llegó hasta el Redentor, y a través de su sangre se nos perdona a todos.

Aun así, era el paraíso. Estábamos rodeados del jardín más verde que pudieras imaginar. ¡Yo sostenía la mano del Señor Dios! Oía la voz del Señor Dios. ¡Caminaba con Él sobre piedras resplandecientes!

Cómo ese Lucifer malvado pudo hacer que esa única fruta se viera mejor que la comunión con mi Padre y que la perfecta unidad con mi esposo, ni siquiera lo sé.

¡Nuestro enemigo es tan mentiroso!

Me engañó.

Comí.

Y luego le ofrecí el fruto a mi esposo y él también comió.

La deshonra, la desgracia, la vergüenza. ¡Pero no podía regresar! Dios maldijo a esa fea serpiente por mí y nos sacó del paraíso. ¡Cómo desgarró eso nuestros corazones!

Afuera de esas puertas la vida era amarga. Sé que la pena del Padre se sentía reflejada en la nuestra. Éramos sus primeros hijos. Sin embargo, todo ese tiempo que pasamos afuera de ese jardín maravilloso, me aferré a esto:

Pero en cuanto a mí,
sé que mi Redentor vive,
y un día por fin estará sobre la tierra;
y después que mi cuerpo se haya descompuesto,
¡todavía en mi cuerpo veré a Dios! (Job 19:25-26, NTV).

Los hombres solo son hombres, tan falibles como lo eres tú. Los hombres anhelan de manera tan profunda como tú regresar al jardín para descansar completos y plenos. Ansían oír la voz de Dios así como tú.

Busca el amor, hermana mía. Busca a Dios. Y luego ama a los hombres de tu vida de la forma en que te ama el Padre. A medida que recibes, da.

Solo recuerda, los hombres nacen hijos de Dios, pero no son Dios... ¡en absoluto! El hombre no puede llenar tu corazón con lo que se necesita para sobrevivir. Solo Dios puede hacerlo.

El Padre

A fin de descubrir quién es Dios, tenemos que alejarnos del espejo del hombre y fijar nuestra mirada en el espejo inalterable.

Malaquías 3:6 dice: «Yo, el Señor, no cambio». Números 23:19 dice: «Dios no es un simple mortal para mentir y cambiar de parecer. ¿Acaso no cumple lo que promete ni lleva a cabo lo que dice?». La opinión del hombre puede cambiar. Hasta el mejor hombre puede cambiar como una sombra pasajera. El hombre puede cometer errores. El hombre puede caer. El hombre puede prometer y no cumplir. El hombre puede acusar o decepcionar. Puede dejarnos; puede escoger a otra. Y hasta los hombres más grandiosos y fieles mueren.

Dios, por otro lado, es nuestra Roca, nuestro aliado amoroso, nuestro punto de apoyo, nuestro liberador, nuestra fortaleza, nuestra torre alta, nuestro amparo y sombra del calor del día, nuestro refugio y escondite de la tormenta y la lluvia (Salmo 144:1-2; Isaías 4:6). Los hombres no se diseñaron para que sean eso para nosotras. Solo es demasiado para un hombre ser la roca, el refugio y el escondite. A veces nuestros esposos pueden sentirse eso para nosotras, pero ese papel no se puede mantener.

Pueden ser reflejos maravillosos del amor del Padre, pero no son su fuente.

El Salmo 118:8-9 dice: «Es mejor refugiarse en el Señor que confiar en príncipes» (NTV). Un príncipe es un hombre bueno, un hombre que te ama, te es fiel, cree en ti, soporta las tormentas de la vida contigo y lucha con todo su corazón para protegerte, cuidarte, proveerte y asegurarte de que eres amada.

Sin embargo, nuestro príncipe nunca puede ser Dios.

El mundo es un lugar tormentoso y los vientos del cambio pueden transformar nuestras vidas con el estruendo de un trueno. Tu mejor amigo puede desaparecer. Después de toda una vida de devoción, tu esposo puede dejarte. Yo podría continuar, todas conocemos el adulterio, las adicciones, las enfermedades y la muerte. Sabemos que el hombre puede traicionarnos y hasta los mejores hombres caen. Por lo que será mejor que sepamos la diferencia entre un hombre que se convierte en polvo y la Roca de nuestro Refugio.

Esa Roca es Dios, pero Él no solo es eso. Él es nuestro Padre (Isaías 64:8).

Esa única palabra, Padre, es tierra sólida para algunos y un terremoto estruendoso para otros.

Habla el Padre

Los humanos se crearon a mi imagen, pero tratan de hacerme como ellos. Eso te confunde. Si me haces a la imagen del hombre inquieto, nunca seré suficiente para satisfacer tu corazón ansioso. Sí, algunos hombres reflejan bien mi imagen; te enseñan quién soy al reflejar el perdón, la gracia, la paciencia y el amor que protege, cree, espera, soporta y que se expresa con amabilidad y dominio propio. Sí, un hombre puede ser una foto de mi amor, pero solo mi Hijo se perfeccionó en el amor.

Querida mía, no me formes a la imagen de tu padre. Yo soy el Padre que hizo a tu padre. En alguna parte del camino, pudo haber creado una nueva definición de mí; en el espejo de esa definición quizá sientas que soy inaccesible, inalcanzable, condenador o irascible. Es posible que sientas que no eres digna o que no eres capaz de vivir los sueños de tu vida. Ya sea que tu padre te representara mi corazón hacia ti o no, está bien. Todavía puedo llenar los vacíos. Recuerda, es humanamente natural que el hombre trate de definirme a su manera.

Entonces, quiero que redefinas quién soy al mirar el espejo de mi Palabra. Yo soy tu Proveedor, tu Sanador y tu Estandarte. Y mi estandarte sobre ti es el amor.

Yo soy el Dios que te engendró. Como Padre, veo todas tus entradas y salidas. He visto cada fracaso, cada herida, cada victoria, cada valle y cada montaña que has atravesado, y conozco demasiado bien todas las tormentas que han destrozado tu precioso corazón. Esas son cosas que tu padre terrenal nunca podría saber por completo. Ven a mí, mi hija cansada. Estoy aquí, esperándote. No tienes que hacer nada más que creer que yo estoy complacido contigo.

Antes de que mi Hijo hiciera algún milagro, antes de que alimentara a los miles, antes de que enseñara una sola parábola y antes de que entregara su propia vida, emití una palabra sobre Él que ahora emito sobre ti: «Éste es mi Hijo amado; estoy muy complacido con él».

Esta es la vida que quiero para ti, hija: que camines como alguien que sabe que es mi amada, con quien estoy muy complacido, antes de que hayas hecho una sola cosa bien.

Aparta la vista del espejo del hombre; muy a menudo su amor es tristemente incompleto. ¡Mírame a mí! Mira tu verdadero reflejo en el espejo de mí.

♛

En mis tratos con las mujeres, me he dado cuenta de que la herida más común que experimentamos es la de nuestros padres. En lo personal, he visto cómo Dios puede estar en el vacío. Cuando mi padre terrenal no estaba presente, mi Padre celestial sí lo estaba; cuando mi padre terrenal no me comprendía, mi Padre celestial sí lo hacía; y cuando mi padre terrenal se quedaba corto, mi Padre celestial llenaba los espacios vacantes hasta rebosar.

Al mismo tiempo, creo que Dios obró a través de mi padre terrenal para guiarme hacia un camino celestial. Sin el ánimo de mi padre de seguir el modelaje, nunca habría visto ni experimentado todo lo que hice, lo bueno, lo malo y lo feo. Sin su firma en ese primer contrato de modelaje, y su fe en lo que hago ahora, no habría tenido el ministerio que poseo en estos momentos.

Atravesé este mundo precario por mi cuenta a una edad joven y me topé con demasiados hombres a quienes no les importaba de quién era hija. El dolor me llevó a mi Padre celestial. Necesitaba su protección, guía y sanidad, y Él me dio todo eso. Desde entonces, los daños de mi camino quebrantado se han restituido cien veces, ya que mi historia ha servido como un bálsamo sanador para otros corazones destrozados.

A lo lejos vemos un vacío para llenar que es imposible que llene el hombre. Sin embargo, nuestras experiencias personales no definen a nuestro Padre celestial. Dios se define a sí mismo. Y en el reflejo de su rostro, vemos quiénes somos y cuánto valemos.

La bebita

Hay una escena en el Antiguo Testamento que es una ilustración profunda del corazón del Padre hacia una nación a la que ama con intensidad. Él usa esta imagen para recordarnos su profundo amor por nosotros. Ezequiel 16:1-14 describe a Jerusalén como una niña desalentada, despreciada y abandonada. Echada a un lado, en un bulto como si fuera despreciable, abandonan a la pequeña bebé para que se defienda por su cuenta. Pateando y batallando como lo haría un niño, está desnuda, descubierta y ensangrentada, luchando por su vida cuando pasa Dios.

Tus padres eran paganos, dice Él. «El día en que naciste no te cortaron el cordón umbilical; no te bañaron, no te frotaron con sal, ni te envolvieron en pañales. Nadie se apiadó de ti ni te mostró compasión brindándote esos cuidados. Al contrario, el día en que naciste te arrojaron al campo como un objeto despreciable.

»Pasé junto a ti».

El padre ve a la niñita cuando nadie más lo hace. Sus llantos hacen eco en el reino celestial, y el corazón de Él se extiende hacia ella con compasión. Él la recibe tal como está, cubierta de sangre y quebrantada, y le da vida con sus palabras. «Y te vi revolcándote en tu propia sangre y te dije: "¡Sigue viviendo!"».

Él nos dice lo mismo a nosotros. El rechazo, el abandono o el descuido del hombre puede dejarnos sangrando y quebrantadas, pero Dios ve nuestra herida y desea elevarnos por encima de ella.

La presencia de Dios le da vida a la bebita con su palabra y ella crece. Después, Él vuelve a pasar, y extiende el borde de su vestidura sobre ella y cubre su cuerpo desnudo, como lo hizo con Adán y Eva. Le da a la niña su juramento solemne y hace un pacto con ella, y la llama «Mía».

Su pacto es su garantía: «Nunca te dejaré; jamás te abandonaré» (Hebreos 13:5). Una vez fue su hija. Ahora se convierte en su novia.

Él rescata a la niñita.

Él la arregla, la renueva y la restaura.

Él la redime, la reclama y le cambia el nombre: «Mía».

Luego, la baña con agua, le limpia la sangre y le pone perfume. La viste con un vestido bordado, lino fino, prendas costosas y sandalias de cuero. La adorna con joyas y le pone brazaletes en sus brazos, un collar en su cuello, un anillo en su nariz, aretes en sus orejas y una bella corona en su cabeza.

Él la adorna, no por la belleza que ella ya posee, sino por el poder de su amor para embellecerla.

«Quedaste adornada de oro y plata, vestida de lino fino, de seda y de telas bordadas». ¡Esto deja ver aquí que a Dios le encanta un vestido grandioso! Él continúa prodigándola: «Te alimentabas con el mejor trigo, y con miel y aceite de oliva. Llegaste a ser muy hermosa; ¡te sobraban las cualidades para ser reina!».

Él prepara a su reina y la libera para que reine, regresándola a su lugar legítimo en su reino, a un puesto de influencia, ya que ahora es una luz que guía. «Tan perfecta era tu belleza que tu fama se extendió por todas las naciones, pues yo te adorné con mi esplendor».

Su amor nos perfecciona. Él nos afirma cuando nos han abandonado, nos embellece cuando nos han humillado, y confirma nuestro destino a pesar de nuestra condición desesperada. El corazón del Padre brilla mientras nos levanta del polvo de nuestra destrucción para sostener nuestra cabeza en alto, usando una corona resplandeciente de belleza. Somos sus hijas destinadas y juntas, su novia deslumbrante.

El hombre no puede darnos la identidad de Amadas de Dios, ni puede retirarla de nosotros: es lo que somos, tan irrevocable como la Palabra. Es el juramento de Dios, su promesa, su vínculo con nosotras, y aquí tratamos con un Dios que no cambia de parecer:

> Dios no es un simple mortal para mentir y cambiar de parecer. ¿Acaso no cumple lo que promete ni lleva a cabo lo que dice? Se me ha ordenado bendecir, y si eso es lo que Dios quiere, yo no puedo hacer otra cosa (Números 23:19-20).

Cuando Él nos llama sus hijas, es para siempre.

Las voces de las hijas

Dios, sé que debo llamarte Padre, pero no puedo.
Mi padre fue muy censurador.
Mi padre estuvo ausente.
Mi padre me golpeaba y me lastimaba.
Mi padre no estuvo allí cuando pedí ayuda.
Mi padre no tiene idea de quién soy ni dónde estoy.
Mi padre quería a otra persona más de lo que me quería a mí.

Dios, ¿en realidad los hombres se crearon a tu imagen? ¿Los que abusaron de mí y me desecharon como basura?

¿Por qué mi esposo no se parece en nada a mi padre? Él me lastima más de lo que mi padre lo hiciera alguna vez.
Me abandonó.
Me mintió.

Le entregó su corazón a otra mujer y me culpa.

Con apenas seis semanas de anticipación, él murió, y yo sigo pensando que va a entrar por la puerta a las seis de la tarde para cenar.

¿A quién acudo? Estoy pateando en los escombros, sola y sangrando, una bebé que llora.

¿Me ves aquí, Dios?

El hombre me ha destrozado el corazón y no sé dónde buscar respuestas.

Una carta de nuestro Padre

Hija mía:

Cuánto anhelo acogerte en mis brazos. Sé demasiado bien la forma en que el hombre te ha dejado, te ha decepcionado, te ha mentido y te ha abandonado para pasar dificultades. Para alguna de ustedes, el hombre ha sido un martillo que destroza las piedras bellas que con tanto esmero puse en el suelo de tu corazón.

El peso de su carga puede envolverte como una cadena pesada; puede hundirte hasta el fondo si tú lo permites. Habría sido mejor para los que te lastimaron que se hundieran en el fondo del mar. Yo puedo encargarme de los que te lastiman; solo entrégamelos.

Aun así, ahora te digo, hija, ¡sigue viviendo! Sé mía. Permíteme levantarte y cargarte hacia la superficie. Permíteme tener tu corazón, porque solo yo puedo repararlo. Permíteme cubrirte con el borde de mi túnica de terciopelo; permíteme ser tu manto. Permíteme extender mi mano sobre ti y protegerte de esta tormenta, de esta lluvia, de este relámpago que está despedazando tu cielo y rompiendo la tierra debajo de tus pies.

Hija, yo soy tu torre alta. Tengo mucho para ti. Ven a mí, mi hija arrojada por la tormenta. Ven a mí. Hay sanidad debajo de mis alas.

Muchas carecemos tanto de amor paternal que batallamos en conocer las profundidades del corazón del Padre. A algunas se nos ha dado la espalda, rechazado, humillado, maltratado o abandonado para que nos defendamos solas. Otras no podemos descubrir por qué duele. Y otras éramos «la niñita de Papi», que es lo que todas queríamos ser.

Marcos 14:36 nos habla todo el tiempo de la necesidad más intensa de Jesús, mientras se dirigía a la cruz, cayó en el suelo del huerto y gritó: «¡*Abba*, Padre!».

Abba quiere decir «Papi». El dolor era tan intenso que sus vasos sanguíneos se rompieron y sudó gotas de sangre. En su momento más crítico, gritó: «¡Papi!».

Cuando algunas de nosotras vemos las palabras *Padre* y *Papi* juntas de esa manera, nos desconectamos. ¿El pabellón protector del padre combinado con la compañía alegre del papi? Para muchas de nosotras, esos son incompatibles.

Como niñas, tenemos una confianza incuestionable en el papi. Como adultas, tenemos que volver a conectarnos con lo que es eso. Algunas necesitamos con ansias una foto de nuestro *Abba* celestial que sana nuestros corazones y transforma la forma en que nos vemos a nosotras mismas.

Te doy esta ilustración de mi esposo y nuestra hija, no porque haya perfección en nuestro hogar, sino porque hay una ilustración profunda de la relación papi-hija.

♛

Él lleva en sus brazos a nuestra hija recién nacida por el pasillo hacia la puerta del frente. Mientras yo lo sigo atrás, él la sostiene con firmeza con su colcha blanca que tiene un diseño de mariquitas rojas. Él la sostiene cerca de su corazón como si fuera la criatura más delicada que haya puesto en sus manos, por supuesto que lo es. Es su hija.

Cuando llega a la puerta, de repente se detiene y la aprieta en su pecho.

«¿Qué voy a hacer cuando venga un tipo llamando a la puerta por ella?». Entra en pánico. Es probable que se imagine con un rifle, parado entre ese futuro chico y el corazón de su hija. Habla muy en serio en

cuanto a proteger su corazón, y sabe muy bien que eso también significa proteger su cuerpo. Él es su padre y eso llega con tanta naturalidad como cazar venados.

Por supuesto que mi preocupación en ese momento no son sus citas.

«Ella tiene tres días», digo y lo acompaño a la puerta, «¡todo lo que necesita ahora es una siesta!». Hago que se vaya y la pongo en su cuna, en el bello dormitorio que le preparamos.

Llamamos Olivia a nuestra pequeña mariquita. En la noche, se acurruca en el pecho de su papi y se duerme con su cabeza sobre su corazón que late. Él le frota la espalda, la mira y sonríe con afecto.

Cuando Olivia tiene apenas dieciocho meses de edad, papi comienza a tener citas con ella. La llama desde el trabajo, le pide una cita apropiada y ella acepta. Cuando llega la noche, ella está vestida muy bien. Él se acerca a la puerta de su dormitorio justo a tiempo.

Olivia no quiere que él la vea nunca hasta que esté lista por completo; es como una princesa en su recámara. Yo la peino y ella se pone su ropa favorita. A veces usa botas y pantalones vaqueros, a veces un vestido veraniego floreado, a veces zapatos negros de charol, un suéter tejido y una falda de satín. No importa lo que sea, da saltos como si fuera la niña más valiosa de todo el mundo.

En sus citas, papi le abre la puerta. Papi se fija en su ropa y halaga su sonrisa. Papi la lleva a un lugar especial y comen algo rico. Papi le hace preguntas, la mira a los ojos y escucha sus respuestas. Ya sea pizza y billar automático, la feria, un baile o pasta gourmet con pan tostado remojado en aceite, desde ese momento, no hay nada en todo el mundo que importe más que ella.

Nunca pasan por alto el postre. Podría ser helado, galletas calientes empalagosas o suflé de chocolate que se escurre con un goteo celestial. No importa lo que sea, su tiempo en el que están juntos lo marca la amistad, la risa, tomarse de las manos y la diversión: es una cita de papi-hija.

Al final de la noche, compran flores para ella y para mami también.

Cuando Olivia está arropada y termino de arreglar sus flores para que pueda verlas desde su cama, me inclino para darle el beso de las buenas noches. Puedo ver en su rostro el resplandor de saber que es amada. Que es adorada. Que es valorada. Que es la elección de su papi.

Por supuesto, dentro de sí, Shane piensa: «Si algún tipo no la recoge a tiempo o trata de enviarle un mensaje de texto para pedirle una cita, o no le abre la puerta o trata de no pagar su comida o no la trata como una princesa, ¡ella sabrá a quién llamar! ¡Ella me llamará y yo iré a rescatarla de ese tonto!».

Tú no tienes que tener un padre terrenal para conocer el afecto de tu Padre celestial hacia ti. Cuando ponemos nuestra fe en su Hijo, el Padre llega y hace su hogar en nosotros dándonos su Espíritu. Por su Espíritu, todos podemos gritar: «¡*Abba*, Padre!» porque ya sea que fuiste la «niñita de papi» en la tierra o no, lo eres en el cielo.

Cuando nuestra hija Olivia tenía dos años, comenzó a sufrir de temores. Ella dijo que una noche vio la imagen de un hombre malo a través de su ventana y afirmó que él extendió la mano para agarrarla. Nunca pudimos confirmarlo, pero durante los siguientes dos largos años, llegó a estar atormentada por el miedo. Cada noche antes de irse a la cama, preguntaba si el hombre iba a llegar por su ventana para hacerle daño. Por supuesto que su papi revisaba los seguros, y le decía que estaba a salvo y le garantizaba que no había nada que temer. Y cada mañana ella despertaba sana y salva. Sin embargo, la noche siguiente volvía con el mismo temor. No importaba lo que hiciéramos, sus temores estaban a flor de piel.

Después de dos años de repetir la misma conversación nocturna, cambié su ritual para dormirse. Mientras estaba acostada en la cama, en lugar de entretener sus temores, comencé a decirle una y otra vez cuánto la amábamos. La cubría de besos de la cabeza a los pies mientras ella se reía, y antes de que pudiera siquiera preguntarme acerca del «hombre malo», le susurraba al oído: «Tú eres mi niña especial».

Cuando comenzaba a salir de la habitación, mi hijita de cuatro años abría su boca otra vez para decir que tenía miedo, pero yo solo le repetía cuánto la amaba.

Esas afirmaciones de amor rompieron su recurso del temor.

Y estas son las mismas palabras que Dios susurra a tus oídos en cuanto pones tu corazón en sus manos, y cada día desde entonces: *Tú eres mi niña especial.*

No importa cómo te sientas ahora mismo, tú eres su chica especial. Eres su niña: esa es tu garantía. Eres su amada: esa es tu confianza. Eres su hija: esa es tu belleza y tu valor.

En los escritos del apóstol Juan, nunca se llamó a sí mismo «Juan». Más bien, se llamaba a sí mismo «a quien Jesús amaba». ¿Pensaba que era más especial que Mateo, Marcos o Lucas? ¿Estaba lleno de sí mismo? No. Solo sabía qué tan amplio, profundo, maravilloso era el amor de Cristo. Juan, al estar tan arraigado en el amor del Señor, lo veía como su identidad.

Desde la punta de los dedos de tus pies hasta la coronilla de tu cabeza, tú eres a quien ama el Señor. Deuteronomio 33:12 dice: «Que el amado del SEÑOR repose seguro en él, porque lo protege todo el día y descansa tranquilo entre sus hombros».

Hay veces en las que necesitamos gatear hacia el regazo de Papi y descansar entre sus hombros. Hay veces en las que necesitamos llorar y permitir que Él nos sostenga y proteja. Y hay veces en las que necesitamos levantarnos de las cenizas y mantener en alto nuestras cabezas, sabiendo que usamos la corona de los redimidos. En cambio, cuando estamos siempre viendo el pasado, la manera en que el hombre nos ha lastimado, acabamos viviendo como víctimas y no como vencedoras. Es fácil ser una víctima, pero eso no honra al Rey que nos rescató de los escombros.

La corona

«La hija del Rey no es una víctima, Jen», me dice Débora, con sus ojos color turquesa, claros como el cristal.

Es curioso que lo dijera, porque tengo una bella corona con joyas que a menudo me pongo en la cabeza para mostrarles a otras el valor de una hija.

«Estás enojada», me dice desafiándome.

Sus palabras son como un relámpago que afloja las piedras de mi corazón. Yo comienzo a llorar. Estoy enojada. Me siento desamparada por los hombres, abandonada, desechada, usada y desestimada.

A veces, Dios pone ángeles en nuestro camino para activar una tormenta en nuestro corazón. Me lleva corriendo hacia el faro, desesperada por un refugio.

Dios es nuestro Padre, pero también es nuestra fortaleza, nuestra torre alta, nuestro liberador.

A medida que el cielo ruge con relámpagos y truenos, yo corro hacia el faro como una niñita, con mi sombrilla rota y doblada hacia atrás por la fuerza del viento.

La fe en Cristo es la llave para la puerta del faro, y yo la uso y lanzo el cofre del tesoro de mi corazón en un montón que está en el piso de la entrada. Mis piedras rotas se esparcen por todos lados. Tengo que buscarlas. Tengo que ver qué ha hecho que mi corazón sea tan duro en unos lugares y tan amargo en otros. Tengo que ver qué se ha robado mi alegría y quién me ha quitado la paz, y por qué todavía vivo como una víctima.

Jesús está parado allí, listo para rebuscar en mis piedras rotas. Con amabilidad, Él las vuelve a colocar en el cofre del tesoro y toma el primer escalón hacia la parte superior del faro. Yo lo sigo. En ese escalón, Él extiende una piedra puntiaguda, manchada de suciedad. Yo me alejo del recuerdo doloroso. Él me dice que estaba allí, que vio cómo yo pateaba en los escombros. Yo misma no puedo limpiar la piedra; solo Él puede pulirla. En una oleada, perdono a mi ofensor porque sé que Él es el juez.

Tomamos cada vez más escalones, seleccionando las piedras, una por una. Parece que pasamos temporadas enteras solo con un puñado de piedras rotas. Entonces, mientras más consideramos la capa de ira que cubre las joyas de mi corazón, más dejo que su agua viva las limpie y grito: «Lo perdono, Padre... lo perdono». Y le entrego mis piezas rotas a mi liberador.

En un momento, agarro el pecho de sus manos y trato de soportar su peso, pensando que puedo hacerlo, que puedo arreglármelas por mi cuenta, pero en lugar de llegar más lejos, me caigo y todas las piedras se esparcen de nuevo, y lloro. No puedo hacerlo sin ti, Jesús. No puedo arreglar este lío, digo. En ocasiones como estas, Él invita a otros que lleguen a recoger las piezas.

Más arriba en la escalera, miro por demasiado tiempo a un grupo de piedras aplastadas. De mi boca brota ira, acusaciones y culpa. Él las recibe todas corporalmente; Él entiende la traición y el rechazo.

El escalón más alto todavía está por delante, pero tengo que subirlo si quiero ver la vista desde arriba. Tengo que dejar de culpar a todos los demás y veo cómo quebranté y manché mi propio corazón, y cómo lastimo a otros. Yo no tengo que cargar las piedras de otras personas. Por lo que cambio perdón por perdón, joyas sucias por limpias, y subo el escalón final hasta arriba.

Cuando llego al descanso del faro, puedo ver la vista del cálido sol rojo que yace sobre el mar color índigo. Jesús entonces está detrás de mí, haciendo algo con mis joyas. Yo miro al horizonte. Veo más allá de la tormenta. Le sonrío al futuro.

Él coloca la corona de joyas en mi cabeza y dice: «Mantén tu mentón en alto para que no se caiga».

Como hijas del Rey, tenemos que usar bien nuestras coronas. Los príncipes no nos dan coronas; son una herencia del Rey. Como ningún hombre puede dárnoslas, ningún hombre puede quitárnoslas. En cambio, se pueden astillar, torcer o perder si no somos cuidadosas.

Una mujer no dejaría que un hombre abusara de ella con una corona sobre su cabeza. No se haría tajos. No se drogaría ni se echaría a perder; no entregaría su cuerpo como si fuera gratuito. No maldeciría a la gente de su propia familia y no llevaría el peso de sus piedras sobre sus espaldas. La Hija del Rey es una vencedora, no una víctima. Está destinada para la gloria.

No solo debemos usar bien nuestras coronas, sino que tenemos que, con nuestro ejemplo, enseñarles a nuestras hijas a hacer lo mismo. No somos princesas a quienes hay que servir, sino princesas que a las que vienen a servir.

♛

Habla el Rey de reyes

Yo usé una corona de espinas penetrantes para que tú pudieras usar una corona de joyas valiosísimas, hija mía.

Yo no fui la clase de rey que esperaban, lo sabes. Fui mucho menor. Pensaron que vendría como una supernova que se lanza en el cielo de la noche. Pensaron que vendría como un gobernante dominante con autoridad y majestad.

En cambio, vine como una vela apenas encendida, una pequeña luz intermitente, así como viniste tú, como un bebé recién nacido. No había lugar para mí en la posada.

En mi tiempo como hombre, me di cuenta de que también había poco espacio en el mundo para mí. Allí estaba yo, el Hijo del Hombre, en piel. Aunque algunos de mis hermanos me reconocieron de inmediato y me amaron, muchos más se burlaron de mí y me insultaron. La mayoría me despreció. Sus corazones eran duros.

Al percibir esto, me les revelé con milagros, sanidades y muestras de poder. Sin embargo, muy pocos me recibieron. Muy pocos conocían mi corazón.

Yo era Emanuel, Dios con nosotros. Vine así como ellos vinieron, en humildad, para que supieran que yo entendía su dolor y su vergüenza, sus cargas y su carne.

Me imaginaban como alguien en el trono y con un cetro. No obstante, recibieron un carpintero. Recibieron un hombre común que podía leer sus corazones y mentes, y que llamaba a Dios «Padre». Eso los amenazó.

Esperaban un gobernante, pero recibieron un siervo; un señor santo, pero recibieron un predicador en la cima de la montaña; un santo, pero recibieron un amigo de pecadores; un rey, pero recibieron a un campeón de los de humilde cuna. Esperaban más, pero yo me hice menos.

Me veían en un trono, con la cola de mi túnica que llenaba el templo con gloria; pero recibieron a un hombre, golpeado, sangriento,

LA PRIMERA VERDAD: ERES UNA HIJA AMADA

castigado por Dios y odiado por los sacerdotes. Cuando rechacé sus engaños, me golpearon hasta dejarme sin sentido y me coronaron como un rey de los judíos sin gloria, la corona de espinas penetrantes que le rompió el corazón a mi Padre.

Con cada latigazo, sentía tu rechazo, tu sufrimiento. Me sentía como cuando te abandonaron y te dejaron sola, incluso la forma en que te sentías separada de Dios. Sentía lo que es anhelar el amor del hombre y no recibirlo. Sé cómo se siente amar de manera tan profunda, tan difícil, tan cruel y tan real, y aun así, que le escupan a uno. Sé cómo se siente dar perdón, pero ser condenado a cambio.

Dar gracia cuando el hombre voltea el rostro.

Bendecir y ser maldecido.

Anhelar unir a los hombres con el Padre y no tener éxito.

Y sé lo que es el amor: creer, confiar, sufrir mucho y no rendirse nunca.

Y también sé cuál es la herencia que te espera, Hija.

Vive para agradarme. Apoya a los hombres de tu vida poniendo tu corona a sus pies, como lo hice yo. No usé mi autoridad como una espada. La usé para servir a los demás en amor. De igual manera, tú también puedes entregar tu vida por tus amigos.

Yo volveré por ti como una supernova que destella por el cielo de color azul oscuro. Me conocerás cuando me veas. En mi muslo y en mi túnica tengo este nombre escrito: REY DE REYES Y SEÑOR DE SEÑORES.

«Vengo pronto. Aférrate a lo que tienes, para que nadie te quite la corona».

3

La segunda mentira:

ERES LO QUE VES EN EL ESPEJO

Solía pensar que el espejo era un reflejo perfecto,
pero ahora sé que no podría serlo. Siempre cambia.

El espejo mágico en la pared

Caí en la tentación de hacerme extensiones en las pestañas. Solo se veían muy bonitas en la foto de la pared. Ese día me enfoqué en mí y tuve un sofisticado masaje de pies, manicura, pedicura y depilación con cera en el labio superior, las cejas y el mentón. Me sentía muy bien cuando salí del salón, con pañuelos de papel entre mis dedos de los pies, pestañas como mariposas que cepillaban los párpados pegajosos.

Cuando llegué a casa, cometí el tonto error de examinar mi reflejo en el espejo equivocado, el que cuelga en la pared del pasillo, afuera del cuarto del bebé. Tiene esa manera malvada de resaltar cada falla. Si pudiera elegir, tendría bótox eterno o cualquier brebaje que hubieran inventado para hacer que las líneas desaparecieran. Tendría una mascarilla para retardar el envejecimiento que le quitara diez años a mi rostro sin que se viera ampollado y golpeado. Me habría blanqueado los dientes en un instante, habría retocado las raíces del cabello y lo habría abrillantado, y me habría removido los vellos con láser. Me gustaría ser suave para siempre.

En un mundo perfecto, también habría tenido ejercicios rutinarios con un entrenador personal, llegaría a tener un bronceado mágicamente sin verme como un pastel de batata, tomaría dos horas de clases de yoga y tendría masajes regulares con piedras calientes. También tendría un vientre plano, senos fantásticos y un trasero levantado como si tuviera algo que decir, todo sin dolor, cirugías, facturas de médico ni seguimiento. Me gustaría todo, por favor, sin costo. Y, por supuesto, no quiero que nadie sepa lo que me hice, en especial mi propia hija. ¿Podemos hacer que se vea «natural»?

De alguna manera, lo dudo. «Mamá, ¿te pusiste pestañas?», me preguntó cuando me vio. ¿Cómo creí que ella o cualquiera lo iba a pasar por alto?

«¡Te pareces un gato! ¡Deja de hacerte esas cosas ridículas!», dijo mi suegra. Lo bueno es que ella me agrada.

En secreto traté de recortar las pestañas para que se vieran normales, sin cortar las mías, pero las pestañas postizas se fueron de un lado a otro, se amontonaron y me punzaron el ojo. La mitad de ellas se cayeron y la otra mitad no se movía. Mi esposo trató de intervenir: «Me gustan». ¡Pero yo estaba demasiado preocupada por lo que pensarían las mujeres de mi próxima conferencia! ¿En realidad iban a oír algo que tuviera que decirles acerca de la belleza cuando tenía tres pestañas pegajosas que colgaban como una araña en mi ojo?

El espejo siempre cambia.

Después de tres hijos quedé con una cicatriz de cesárea que se ve como una puntada en una almohada, con los ojos que apenas pueden ver con lentes de contacto, con el cabello de la mitad del grosor que solía tener, con una multitud de sostenes maravillosos y un corazón lleno de recuerdos. Para ser sincera, no he levantado pesas mucho este año, pero he levantado a mi bebé mil veces, he levantado a mi familia cuando ha parecido que todos podemos caer y he amado bien. No de una manera perfecta, pero bien.

Qué malo que mirara ese espejo despreciable ese día. Cuando lo hago, me puedo confundir toda y pensar que es un reflejo de mí.

Sin embargo, un espejo en la pared nunca podría decirnos quién es el más justo de todos.

¿Ya estás feliz?

Tuve que meterme en la mentalidad de una chica anoréxica, aun cuando fui una. Busqué en Google «el diario de una anoréxica», y aparecieron sus blogs. Al igual que Alicia que baja por un túnel horizontal, excavé en los mundos de las chicas que tienen trastornos alimentarios. Página tras página, lugar tras lugar, blog tras blog: sus palabras suplicantes estaban impregnadas de fotos de cuerpos huesudos. No son niños africanos que mueren de hambre. No, en un mundo donde las mujeres matarían para alimentar a sus bebés, estas chicas se matan a propósito de hambre. Me bombardean las imágenes de vientres huecos, enmarcados con costillas y con la parte inferior de sexis bikinis, brazos desnutridos y muslos demasiado delgados. Una chica hasta tiene el cuerpo imposible con una foto de Barbie colocada sobre el rostro. La foto dice: «¿Ya estás feliz?».

Las imágenes son sus metas. Los cuerpos son sus aspiraciones. Sus «me gusta» me dicen mucho de ellas. Las anoréxicas se animan unas a otras, comparándose, compitiendo y obligándose entre sí a pasar hambre. Los sitios web completos les permiten intercambiar consejos de cómo ser anoréxica y calcular sus medidas «ideales», índice de masa corporal y peso.

Lo que no saben es que no hay una pesa en la tierra que mida el peso de lo que son ellas.

Sus nombres de pantalla son «amor flaco», «cuerpo de Barbie», «huesos y senos».

«¡Eres una anoréxica extrema!», escribe una chica en su diario en línea, al citar a su madre atormentada que grita desde debajo de las escaleras, suplicándole que baje a cenar. La chica, en cambio, se rebela con la amenaza de la comida malvada, como lo hizo la noche anterior y la noche antes. La madre de la chica no sabe qué hacer.

«¡¿Anoréxica extrema?!, escribe la chica. ¡¿En qué agujero negro ha estado viviendo?! NO voy a bajar. Todo lo que quiero hacer es dormir...».

Recuerdo eso. Recuerdo irme a dormir con hambre. Recuerdo la oscuridad, la rebeldía, la distancia que puse entre la bondad y yo. Recuerdo pasar hambre para complacer a un hombre, y cómo no pude ver quién era, de qué estaba hecha y lo desdichada que estaba llegando a ser.

Nina pone el metro alrededor de mi cintura y lo cierra ceñido con el tintineo de sus uñas de porcelana: 71 cm.

Anota los números en su cuaderno.

Pecho: 91 cm

Cintura: 71 cm

Caderas: 91 cm

Al deslizar la pesa de color plateado de la báscula, clic, clic, clic, tac: 64.

Altura: 1,82

—Me gustaría ver que pierdes cinco centímetros de cintura, cuatro centímetros de caderas y que bajaras de peso a cincuenta y siete —dice como si nada—. Eso sería ideal.

—¿Cómo va a perder siete kilos? ¿De dónde se va a quitar cuatro centímetros en las caderas? —pregunta mi padre, como si alguien fuera a hablar sin miedo y coincidiera con él.

—Haciendo ejercicio —anuncia ella con su tono de "yo conozco este asunto y no me cuestione"—. Nadar es absolutamente la mejor manera de perder peso.

Ni mi mamá, ni mi papá ni yo desafiamos a la emperatriz del mundo del modelaje. Como es obvio, tendré que obedecerla.

—Ahora bien, anoten mis palabras —agita su dedo hacia nosotros—, ella estará en la portada de Vogue para finales del verano.

Nuestros seis ojos se abrieron bien.

Será mejor que comience a correr, creo, o que encuentre una piscina.

Cinco veranos más tarde, estoy parada en la báscula del gimnasio en Milán, habiendo firmado con ocho agencias alrededor del mundo. Con sumo cuidado, toco la barra plateada hacia la izquierda, a la izquierda, a la izquierda, y paso más allá del número de Nina por mucho.

«Allí lo tienes, Nina», susurro, «¿ya estás feliz?».

Miro por encima de mi hombro para asegurarme de que nadie me vea y me escabullo en el cuarto de vapor. Desnuda, me siento, con la espalda encorvada hacia delante, los dedos largos aferrándose a lo que queda de mis muslos. Paso mis manos sobre la curva hueca de mi estómago vacío y a lo largo de la base de mi caja torácica. Puedo sentir cada hueso, pero todavía pellizco la carne obstinada que cuelga alrededor de mi ombligo.

Comencé perdiendo solo el peso de la universidad. Corriendo, con quemadores de grasa, yoga, jugo de zanahoria, disminuyendo carbohidratos, con ejercicio cardiovasculares compulsivos. Cuando me fui a Italia, estaba en forma, bronceada y fuerte. Ahora estoy demacrada, pálida y débil.

La gente sigue diciéndome que debo comer, que he perdido peso en mi rostro, que me veía esquelética, que no era posible que un hombre pudiera amarme así. Pero no me importa. No quiero comer. No tengo hambre. No.

Pero sí la tengo. Estoy famélica para que nada de esto importe, para que la carne que rodea mi cintura esté bien. Allí es donde tengo mis órganos, después de todo, ¿acaso no debe permitírseles a las mujeres tener eso? Tengo mucha hambre de que alguien me mire a los ojos y me diga que soy bella, no por lo que pueden ver, sino por lo que soy. Tengo mucha hambre de reír, comer, retozar y jugar, y de que a nadie le importe cómo me cuelga la ropa.

Estoy muy acostumbrada a sentir hambre. Me muero por vivir en un mundo donde el tamaño de mis senos no sea una medida de mi aceptación. Me muero por vivir en un mundo donde los muslos grandes sean hermosos y que no importe si tengo curvas o si soy recta. Quiero que me amen por más que no solo sea por la forma en que me veo... pero creo que la forma en que me veo es la única manera de recibir amor.

La belleza es prescindible. Tan elusiva como los granos de arena, la belleza se desliza de nuestro control. Mientras más tratamos de aferrarnos a ella, más se cuela por nuestros dedos. No se puede agarrar. Al menos en este espejo del baño, aquí no, no donde mi reflejo se acribilla con las fallas, siempre menos que perfecto.

La madre Teresa dijo una vez: «El hambre de amor es mucho más difícil de quitarlo que el hambre de pan».

Préstame atención

Es la Semana de la Moda, y corro por el Giardini Pubblici, el parque central de Milán. Me obligo a correr alrededor de las sendas peatonales, evitando el contacto visual con las parejas felices que comen helado, que muerden perezosamente su pizza, relajándose en sus manteles de picnic mientras sus perros se tumban en el césped. Los niños que dan sus primeros pasos alrededor, riéndose, con sus rostros sucios de helado. Sin embargo, no tengo tiempo ni energía que perder anhelando lo que tienen ellos. Tengo que correr. Tengo que ser fuerte. Es la hora de la exhibición y miles de modelos están en la ciudad. Todos competirán por su lugar en el escenario. Tengo que reclamar lo que es mío.

La Semana de la Moda es algo que hay que ver. Grupos de mujeres caminan por las aceras del distrito de la moda, ver sus piernas tonificadas y tacones altos es más fascinante que cualquier maniquí vestido con elegancia en el escaparate de una tienda Gucci. Los cuerpos desnutridos de las modelos cubren todos los cafés de la acera. Ya sean rostros nuevos, inexpertas e inocentes como crema batida dulce, o veteranas muy confiadas, cinceladas y aptas que no suplican el amor de cualquiera. Se han ganado su lugar en la pasarela y te matarán a sangre fría si tratas de robarles su lugar.

De día las modelos llenan las agencias, los salones de selección y vestíbulos, aferrándose a sus portafolios, retocándose el maquillaje y revisando sus agendas. Durante la noche, bromean en banquetes glamurosos y se juntan con hombres italianos en mesas decoradas con platos a medio comer de risotto, bruschetta y frutos del mar. Muchas hacen que siga la fiesta, bailando de manera sugestiva hasta las tres de la mañana en los animados clubes nocturnos. Es un desfile seductor... y debajo de él todo es una farsa.

Mi trayectoria por la Semana de la Moda pasa sin incidentes hasta que conozco al rey de esta obra: Giorgio Armani. Sus ojos azul cielo, cabello plateado, piel bronceada y mirada juiciosa se validan con su traje exquisito y los puños perfectamente arreglados que enmarcan sus manos muy cuidadas.

Por un giro del destino, ya no circulo por las calles de Milán en busca de trabajo; exploro el imperio de Armani.

Me presta atención. Le gusta mi cuerpo esquelético. Decide diseñar el maquillaje y el cabello para las exhibiciones en la gama de mi cabeza; me usa para anunciar su nueva línea a la prensa; me elige para ser la primera en aparecer en el escenario.

Cuando me veo en el espejo de los estudios de Armani, soy más porque me quiere él.

Sin embargo, después de las exhibiciones mantengo el estilo de vida de inanición y ejercicio obsesivo; ahora no conozco otra manera. Todos menos Armani comienzan a decirme que he perdido peso, parezco cansada; debo tomar vacaciones. Pero están equivocados. Tengo compromisos para muchos meses.

Aun así, otros diseñadores se quejan de que las telas me cubren como a una percha de metal; amenaza ser problemático el hecho de que no llene las blusas, los pantalones, los trajes largos. Los maquilladores se ríen con disimulo de mis huesos, y susurran que estoy enferma. Cada vez más hombres me critican, analizan, rechazan y desechan, cuyo trabajo es elegir a la chica apropiada para la ropa apropiada, para la foto apropiada. Algunos, al parecer, no son conscientes de que mi corazón puede estar conectado con mi cuerpo. Otros solo buscan el maniquí adecuado, y no es su culpa que eso me haga sentir muy pequeña cuando no soy suficiente para lo que quieren.

Prácticamente huyo a casa para la Navidad a fin de orientarme. Cuando bajo del avión, mi padre queda impactado con mis ojos oscuros y ahuecados, y por mi estatura marchita. La depresión emana de mí como la esencia de trapos mohosos.

Al expresar su preocupación por el acné cístico que me salía en el mentón, las mejillas y la frente, mis padres me hacen una cita con el pediatra de mi niñez.

Me paro ante él descalza en la baldosa fría de su oficina, el papel tapiz infantil hace eco de un pasado simple. Su frente se arruga cuando no solo examina los granos notorios en mi rostro, sino por el color fangoso de los círculos que rodean mis ojos. Pasa sus dedos viejos y encallecidos por la espina de mi espalda, y pasa rozando mi brazo y la parte inferior de mi pierna. Mientras me examina, creo que busca a esa niñita que solía entrar saltando a su oficina con colitas rubias y grandes, y amplios ojos color zafiro.

—¿*Qué podemos hacer con estos granos?* —*preguntamos mi madre y yo, están llegando a ser demasiado inconvenientes para una modelo.*

Él examina las úlceras de mi rostro.

—*Para estas, puedo recetar antibióticos, tetraciclina. Requerirán tiempo, pero desaparecerán al final.*

Pone sus dedos alrededor de mi brazo.

—*No es su piel lo que me preocupa. Es su peso* —*arruga la frente*—. *Lo que también es problemático es el olor fétido de su aliento. ¿Estás ingiriendo cromo?*

—*Sí*—*respondo. Mis quemadores de grasa mayormente se fabrican con picolinato de cromo.*

—*Estás tomando demasiado. ¿Cuándo fue la última vez que menstruaste?*

—*No puedo recordarlo* —*respondo*—. *Tal vez hace seis meses.*

Su rostro envejecido y ojos preocupados se desvían hacia mi madre.

—¿*Tiene que volver a Europa?* —*pregunta preocupado.*

Por supuesto que creíamos que tenía que hacerlo. Ninguno de nosotros quería afrontar el hecho de que estaba comenzando a sufrir de anorexia. Todos creíamos que las primaveras de Armani eran demasiado importantes y que yo tenía que volver, tenía un compromiso. Un velo cubría nuestros ojos. O no podíamos verlo o no queríamos ver lo que el médico veía con tanta claridad.

¿Por qué el mundo tira tanto de nosotros que nos negamos a lidiar con lo más importante, la verdad que tenemos delante?

Ahora son dieciocho años después y escribo este libro. Estudio acerca de la anorexia y leo los blogs. Quiero sobre todo darles respuestas a las que sufren.

En este momento ha habido una circunstancia en mi vida que ha girado tan fuera de control, ha sido tan dolorosa, y ha llegado a ser tan desafiante que no he comido. Yo, que tengo este ministerio; yo, que enseño acerca de la belleza, el cuerpo, la identidad y el valor de las mujeres. Mi dolor se manifiesta de manera física, como lo hizo entonces.

Lo capto de inmediato. No comer como respuesta al estrés es una tentación para mí; tal vez siempre lo será. Mi debilidad es esta: quiero que el mundo que me rodea sea perfecto y no lo es, y la gente no lo es, y de alguna manera pienso que si solo puedo ser perfecta, puedo remediarlo. Comienza esta vez con ayunar por razones espirituales; termina cuando doy un paso atrás y me veo balanceándome en una peligrosa cuerda floja.

Tal vez si me pusiera esquelética, creo que todos en mi mundo accederían a mis demandas. Tal vez si dejara de comer por completo, si hiciera huelga de hambre, Dios de una vez por todas me dé lo que le pido. Tal vez alguien me preste atención.

Shane me abraza frente al espejo y analiza la anchura de mi cuerpo que está a su lado. Roza sus manos en mis costillas con preocupación. Me dice que vea a un médico. Me abraza y le importa.

Me siento titubeando en un puente angosto y si solo me inclino a la izquierda, voy a caer en una espiral y girar. Aun así, no puedo girar; no puedo caer; hay demasiado en riesgo. ¡Ahora tengo una hija! ¡Tengo dos hijos por quienes vivir! Y no puedo llegar allí para hablar en el escenario, un esqueleto, una mentirosa.

Por lo que me niego.

Soy una luchadora y tengo más verdad en mi cabeza que mentiras. No tengo el espíritu de una víctima; tengo el espíritu de victoria. Aun así, a veces todos gateamos en el lodo antes de pararnos en la cima de una montaña; todos atravesamos desiertos y nos sentimos deshidratados a medio camino.

Cuando Shane se pone de pie y lucha por mí, me siento aliviada, amada.

Aun así, en el fondo del océano de mi corazón, todavía quisiera que alguien se hubiera puesto de pie y luchara sin cesar por mí cuando era Barbie. Y entonces me acuerdo de que Dios luchó por mí, Dios lo hizo. Cuando no sabía qué hacer; Dios sí lo sabía. Cuando los humanos me daban la alabanza del mundo, Dios me dio a su Hijo. En medio de mi enfermedad, Él transformó mi alma. En Marcos 5:24-25, vemos la historia de una mujer que sangra y a un Dios que sana.

Habla la mujer sangrante

Me sacudo y me doy vuelta en mi cama; sangrando como siempre. El sangrado es de mi cuerpo, pero se siente como que fuera de mi corazón. Es un calambre interminable, un gemido firme. Es incómodo, incontrolable, incontenible y feo.

Yo soy quien tiene el cuerpo escuálido y no quiere cooperar. Nadie me va a querer así. Nadie me va tocar. Desde el rincón más lejano de la cueva de mi corazón, estoy acuclillada y lloro.

¿Cuánto vale mi vida si soy un caos apestoso y sangriento? He soportado doce largos años de sangrar interminablemente. ¿Es este mi destino? ¿Avergonzada, estropeada, manchada? Batallando en la prisión de este cuerpo, grito por una salida. Lo he intentado todo, he gastado todo lo que tengo.

En el silencio de este tormento es que oigo una palabra que me susurra: Recurre al Sanador.

En una ráfaga, me levanto de la cama y me limpio. Rápidamente, ato los andrajos y me visto, asegurándome de que ninguna mancha se derrame por la túnica.

Corro hacia afuera y veo lo último de la luz de la noche desaparecer en el horizonte. Las calles polvorientas son un alboroto de actividad. La gente camina de un lado a otro, la mayoría va a casa, pero muchos se dirigen al lago, donde se rumorea que está el Sanador.

Mientras más me acerco a la orilla del lago, más se apura la gente a mi alrededor. Todos tratan de llegar a Él. Se siente como que van a acercarse y me estrujarán, pero yo me mezclo, me agacho y creo. Me dirijo hacia el Sanador esta noche y nadie me va a detener.

Hay gente de pared a pared al acercarme. Ahora es cuando podría rendirme. Ahora es cuando podría decir que es muy difícil. ¡Hay demasiados que quieren su atención! Él no tiene espacio para mí. Pero yo me niego. Soy una luchadora y tengo más verdad en mi cabeza que mentiras.

La fe conquista el temor, y de repente el camino que tengo delante queda abierto por completo y puedo ver su túnica blanca, las orillas que ondean como las alas de una paloma. Es como cuando el mar se abre y ahora no hay nada entre Él y yo. Me acerco para tocarlo, creyendo que Él me sanará.

Mis dedos apresan el borde de su vestimenta y yo me aferro. Tan pronto como lo alcanzo su poder me alcanza a mí. Una sanidad cálida fluye por mi cuerpo en una enorme ola. Al momento de nuestro intercambio, mi tormento se dispersa. ¿Qué milagro es este?

Yo me vuelvo a la multitud. ¿A quién le importa si otros me rechazan ahora? Él me recibió. ¡Él me conoce! Mi corazón palpita con rapidez. Podría lanzarme de boca al suelo, desmayarme, correr dentro de esta multitud, o saltar o caer llorando. Siento muchas cosas al mismo tiempo.

Sus seguidores tratan de escoltarlo, diciéndole que se aleje de toda esa gente molesta, pero Él me busca. Él quiere ver mi rostro.

«¿Quién me ha tocado?», pregunta Él examinando a la multitud. ¿Cómo lo sabe, cuando apenas agarré la orilla de la tela?

Casi no puedo creer que quiera verme. Estoy aterrada porque si Él ve mi rostro, verá mi dolor, y nadie quiere ver mi dolor nunca.

Sin embargo, sé que Él es Dios porque eso corre por mis venas. La sanidad es un río bravo y yo estoy parada allí ahora. Lanzo todo el miedo por detrás y caigo a sus pies temblando. Le digo todo: la verdad entera. No dejo nada, ningún detalle.

Su mirada se fija en mí, en la pequeña yo, en el desastre que soy, en lo sucia que estoy, a quien nadie quiere. Él me mira a los ojos, con su rostro inundado de amor y compasión, el reflejo más bello que yo hubiera visto jamás. Me mira a través de mi cuerpo imperfecto y sus ojos tocan mi corazón destrozado.

«Hija», dice, «tu fe te ha sanado. Vete en paz y sé libre de tu sufrimiento».

Recibí sanidad; estoy plena. Sé que este es apenas el comienzo. Sé que Él seguirá sanándome.

Todavía puedo ver el reflejo en sus ojos: Hija. Sana.

La hija está en comunión con el Padre y el Hijo. El Padre la ama; el Hijo la comprende.

El Hijo sabe lo que es tener dolor en el cuerpo. El Hijo entiende la perfección que se espera de las mujeres y de las chicas. En el cuerpo, Él conoce el abuso. Conoce el dolor. Conoce el sufrimiento.

El comienzo es buscar al Sanador; seguir buscando es el viaje de tu vida. Tienes dones, talentos y habilidades que solo llegarán a ser mayores si cuidas de la carne que los sostiene.

Cuando me veo tentada a regresar a mis viejos hábitos, abusando de mi cuerpo como una manera de obtener control, me detengo. Prosigo sin importar lo difícil que se ponga. Llego, creyendo. Le entrego lo que no puedo controlar. Le cuento toda la verdad. Y Él me mira otra vez y dice con bondad: «Hija, tu fe te ha sanado; vete en paz y queda sana de tu aflicción» (Marcos 5:34, LBLA).

Afrontamos una generación de chicas afligidas por la mentira de que ellas *son* su cuerpo, de que *son* lo que ven en el espejo. No podemos pasar por alto las mentiras y esperar que desaparezcan. Tenemos que ver a esas chicas con fijeza a los ojos y alimentar el hambre de su alma.

Nunca es suficiente

Si los trastornos alimentarios son un indicio de un agujero en el alma más que de un agujero en el vientre, ¿cómo se forma ese agujero? En muchos casos, la necesidad natural de aprobación llega a ser titánica cuando no se suple.

Mi amiga Gayle cayó en un trastorno alimentario cuando su hermano mayor le dijo que sería bella si se dejaba crecer el cabello y perdía diez libras de peso. Ella hizo lo que le dijo, pero en su búsqueda de aprobación no había un punto de destino. *¿Hasta qué punto soy lo suficientemente buena? ¿Hasta qué punto soy bella?*

Con un metro setenta y seis centímetros de altura y con un peso saludable, Gayle bajó de manera sorprendente a cuarenta y cuatro kilos. Siempre anhelando el amor de su padre, Gayle no recibía nada más que rechazo y desaprobación de él. Cuando él abandonó a su familia para iniciar otra, la madre de Gayle se puso enfermizamente obesa, deprimida y se aisló. Al rechazar el modo de reacción de su madre, Gayle se obligaba a pasar hambre y llegó a ser bulímica para esconder su enfermedad, comiendo con desenfreno y vomitando hamburguesas y postres, a veces quince veces al día. Cuando intentaba obtener la atención de su madre, las críticas la afectaban en lo más hondo.

«Nunca fui lo suficientemente buena», dice Gayle con una mueca. A los cuarenta y ocho años, todavía duele.

Anhelamos a papi, pero papi no nos quiere; anhelamos a mamá, pero mamá no puede oír nuestros gritos. Anhelamos aprobación, pero cuando se ponen condiciones para esa aprobación, creemos que valemos cualquier cosa que diga la barra de medida de los estándares que nos han establecido.

Cuando nuestras vidas giran fuera de control, somos como niñas en los parques de diversión que no se sueltan por nada del mundo. Si podemos controlar algo, como lo que entra a nuestros cuerpos, sentimos que todo va a estar bien.

Aun así, no podemos controlar a los demás, y aunque nos engañemos pensando que podemos controlar nuestros cuerpos, no podemos hacerlo. Más bien, los problemas de comida nos controlan y comienzan a asfixiarnos, y llegan a ser todo el enfoque de nuestra vida. Como lo dice Gayle: «El lazo al que te aferras llega de repente a ser un nudo».

La soledad también es la mayor culpable de los trastornos alimentarios. En los puntos más profundos de mi batalla con la anorexia, me sentía sola y aislada por completo, como si estuviera en una isla gritando para que alguien remara su bote hacia mí y me alejara de la soledad, pero nadie oía mis gritos con claridad.

El mayor problema era que no gritaba lo bastante fuerte, y no le gritaba a la gente adecuada. Silenciaba mis gritos porque no quería admitir que estaba enferma. Por lo que participaba en ese juego hipócrita. Fingía que el problema no estaba allí.

Ya sea que nuestro deseo de azotar nuestros cuerpos para que se sometan llegue de la necesidad de control, del anhelo de aprobación, del deseo de atención o del chasco del abandono, se complica más con nuestra imagen de belleza que esculpe la cultura. La cultura define para nosotras lo que debe ser el reflejo en el espejo del baño. El mundo de la moda le da forma a la imagen de la perfección. Mientras trabajaba en ese mundo, fácilmente podía modelar para catálogos y anuncios de televisión con un peso saludable. En cambio, cuando se trataba de la pasarela, la anorexia era mi única opción viable para entrar. Hoy en día, los estándares son aun peores, y las modelos se ven cada vez menos como las mujeres naturales. Ya sea que queramos admitirlo o no, nos afecta.

Cuando la manera en que nos vemos tiene prioridad sobre nuestra propia felicidad, no nos sentimos realizadas. Cuando solo se trata de cómo nos comparamos con las demás mujeres, adoramos ídolos. A medida que nos comparamos con otras, nunca somos más. Siempre somos menos.

«*No es suficiente* es lo principal que oigo», me dice mi amiga April mientras reflexionamos en el asunto de nuestros cuerpos no satisfactorios con una bolsa de deliciosas almendras de chocolate. April dio a luz a cuatro bellas niñas, es instructora de aeróbicos y hace poco bajó dieciocho kilos de peso. Por primera vez en años pesó lo mismo que cuando estaba en el instituto.

Mientras disfruto la compañía de esta bella mujer que también me mira, April habla de la imagen de su cuerpo. «No soy lo suficiente delgada, mis senos no son lo suficiente grandes, mi vientre no es lo suficiente plano, mis muslos no son lo suficiente pequeños, y eso me carcome desde el primer momento de la mañana hasta el final del día. Me quedo parada allí en mi clase de aeróbicos y me comparo con cada mujer del salón. Me paro en la báscula y me enojo mucho. En cambio, luego tengo que recordar que hay niños que mueren de hambre al otro lado del mundo. He *visto* gente que se está muriendo del hambre. Y tengo que controlarme porque estoy dejando que el hecho de que subí un kilo me arruine el día».

Más del 80 % de las mujeres está insatisfecha con su apariencia, y del 50 al 70 % de las chicas saludables cree que tiene sobrepeso[1]. Solo el 2 % de las mujeres cree que es bella[2]. Un estudio reveló que «en promedio, las mujeres tienen trece pensamientos negativos de su cuerpo a diario, casi uno por cada hora que están despiertas. Y una cantidad inquietante de mujeres confiesa tener entre treinta y cinco, cincuenta o hasta cien pensamientos detestables en cuanto a su propia forma cada día»[3].

Si nuestra meta es la satisfacción con nuestros cuerpos, tenemos un gran problema. Ni el espejo, los pantalones vaqueros ni la báscula están satisfechos nunca. Gayle, por ejemplo, ya había superado su trastorno alimentario hacía mucho tiempo cuando le dio cáncer de mama. Después que le elogiaran por su largo cabello pelirrojo y hermosa figura, tuvo una mastectomía doble y perdió todo su cabello. Identificar su valor con su apariencia durante su batalla contra el cáncer tendría que ser tóxico para ella.

¡Nosotras no tenemos el control de nuestro cuerpo! Podemos hacer ejercicios y comer bien, pero la enfermedad puede atacar a cualquiera de nosotras en cualquier momento. Conozco a una mujer que, después de seis meses de casada, contrajo un virus extraño que llevó a la amputación de sus cuatro extremidades. A esta joven esposa, su esposo la carga al clóset cada mañana y tiene que atarse brazos y piernas. ¡Trata de decirle que su cuerpo determina su valor! ¡Trata de decirle que su meta en la vida es estar satisfecha con su cuerpo! Esa es una mentira descarada del foso del infierno.

Un sorprendente noventa y siete por ciento de mujeres informa haber tenido por lo menos un momento de «odio mi cuerpo» cada día, y más de la mitad de las mujeres estadounidenses dice que *desprecia* su cuerpo[4]. «Despreciar» es una palabra poderosa. Estas mujeres consideran sus cuerpos como algo sin valor. Los ven como basura.

¿Sabías de qué es símbolo el cuerpo en la Biblia?

De la iglesia.

¿Sabes quién odia a la iglesia?

El diablo.

¿Quién crees que me convenció de que morirme de hambre era un medio para lograr un objetivo? ¿Quién crees que convenció a Gayle de que su necesidad de amor podría suplirse con pantalones de talla más pequeña? ¿Quién crees que le susurra a April en su oído durante los aeróbicos y le dice que no es suficiente? ¿Quién crees que les miente a las hijas de Dios diciéndoles que su valor se refleja en el espejo del baño?

No es Dios, te lo garantizo. No es Dios.

Llamemos al pan, pan, y al vino, vino. Según Ezequiel 28:12 (LBLA), Satanás era «el sello de la perfección, lleno de sabiduría y perfecto en hermosura», cuyo corazón llegó a ser orgulloso por su apariencia externa. No quería que la gente se enfocara en Dios. Quería que la gente se enfocara en él, en lo bello, sabio y rico que era. Aunque está condenado por la obra completa de Cristo en la cruz, en este tiempo es el «príncipe de este mundo» (Juan 16:11). Como es natural, susurra su sistema de valores en los oídos de las princesas: *No oigas a Dios. Tú eres tu propio dios. Adórate a ti misma; adora la sabiduría, adora la belleza; adora la riqueza. Adora la báscula. Adora el espejo. Adora tu apariencia.* Aun así, estos valores nos dejan más vacías que nunca. Son unas mentiras atractivas: se ven bien en la superficie, pero en el interior son la muerte para nosotras.

¿Qué le pasa a una princesa cuando fija su mirada en sí misma? Acaba odiando lo que ve porque está llena de defectos. Ninguna de nosotras puede ganar la guerra en contra del espejo; con determinación se niega a doblegarse a nuestras demandas. Acabamos enojadas con nuestra juventud pasajera en lugar de enfocarnos en derramar la verdadera belleza a la próxima generación de princesas. De nosotras depende enseñarles que el peso de su valor es el peso de sus corazones; la palma de Dios es su única báscula.

De la oscuridad más remota

Walt Disney se daba cuenta de algo profundo. Sus cuentos de hadas describen el anhelo de amor en el corazón de cada princesa y revelan lo dedicado que el enemigo está a robarle su futuro. Ya sea la bruja cruel, la malvada madrastra o el hada mala, las figuras siniestras de los cuentos de hadas tratan de destruir la belleza, el valor y el propósito de las princesas. En *Blanca Nieves y los siete enanitos*, vemos lo que ocurre cuando la reina malvada está tan enfocada en su imagen del espejo que se pone en contra de la bella princesa.

—Esclavo del espejo mágico, ¡ven desde el espacio más remoto! —grita la reina, formando un arco con las alas negras de su capa—. A través del viento y la oscuridad te llamo: ¡Habla!

El espejo se llena de llamas.

—¡Déjame ver tu rostro!

A través de espíritus sombríos, aparece una máscara.

—¿Qué quieres saber reina mía?

—Espejo mágico en la pared. ¿Quién es la más bella de todas?

—Tu belleza es famosa, majestad —dice la máscara—. Pero espera, veo una dama encantadora. Los harapos no pueden esconder su tierno encanto. Ay, es más bella que tú.

Los ojos macabros de la reina se inflaman de furia.

—¡Ay de ella! ¡Revela su nombre!

—Labios rojos como la rosa. Cabello negro como el ébano. Piel blanca como la nieve.

—¿Blanca Nieves? —dice con furia.

La madre tiene la autoridad de la reina. Ella tiene la corona, el vestido largo color púrpura y gobierna la tierra. Aun así, no es solo una reina con dominio sobre su pueblo; es una madre colocada para ayudar a la princesa a convertirse en todo lo que puede llegar a ser.

Sin embargo, la reina es la esclava del espejo. Al surgir de la oscuridad, el espejo la succiona a sus mentiras y la pone en contra de su hijastra.

Enfurecida porque la belleza juvenil de su hijastra sobrepasa la propia, la reina manda a llamar a su cazador.

—Llévala lejos al bosque. Busca un lugar recóndito donde ella pueda cortar flores silvestres. Y allí, mi fiel cazador, ¡la matarás!

—Pero su majestad —interrumpe él—. ¡La princesita!

El cazador sabe bien el valor de la hijastra. Es valiosísima, porque tiene que heredar el trono. Y ella es *buena*. En cambio, la madrastra solo ve la máscara del espejo. Controlada por los celos, exige que le saque el corazón a la princesa.

Sin embargo, el cazador no soporta tener que matar a la princesa, por lo que le dice a Blanca Nieves que huya y se esconda.

Ella corre aterrorizada por el espíritu de envidia de su madrastra, deseando que un príncipe la salve.

¿Qué pasa cuando la madre está tan enfocada en sí misma que no puede ver a la hija? ¿Qué pasa cuando una generación de madres, esclavizada por el espejo, cría a una generación de princesas? ¿Huyen las hijas en busca de un mejor futuro? ¿Acaban en compañía de un montón de enanos (es decir, tontos)? ¿O esperan que un príncipe se las lleve y les dé todo lo que desean sus corazones? Con seguridad.

Esta generación de madres ha tenido más realces, aumentos, reducciones, levantamientos, inyecciones, tratamientos y programas estéticos de «belleza» para mejorar su apariencia externa que nunca antes. Y esta generación de hijas ha estado más paralizada por los trastornos alimentarios, la obesidad, las autolesiones, las enfermedades por transmisión sexual, la depresión y pobre imagen corporal que nunca antes. Temo que las madres, obsesionadas con la máscara del espejo, son las responsables en parte.

¿Qué pasaría si las madres nos alejáramos del esclavo del espejo, nos volteáramos hacia los rostros de nuestras hijas y eleváramos sus miradas a un espejo que no cambia nunca?

¿En realidad hay un espejo de esos? ¿Un espejo que esté satisfecho? ¿Un espejo que refleja lo que somos y lo que valemos?

Sí, lo hay.

4

ERES UNA CREACIÓN PRECIOSA

Somos la obra maestra de Dios.

EFESIOS 2:10, NTV

Una Barbie en la cocina

*M*e *veo como si debiera estar parada encima de un pastel. Tengo un largo vestido rosado, joyas y enaguas color frambuesa. Mi cabello está amontonado en lo alto en un abultado y voluminoso peinado. Es el trigésimo quinto aniversario de la muñeca Barbie, y yo soy ella, la muñeca debajo del atavío.*

No sé nada de niñas y autoestima. Nunca he opinado acerca de la belleza y la Barbie. Solo soy una mujer en una silla de maquillaje mientras me transforman el rostro que llora por dentro. No sé de dónde vienen todas las lágrimas, todavía tengo que profundizar en las capas secretas de mi corazón. Solo sé que las lágrimas están allí.

Ser Barbie es la semilla por la que crece mi pasión posterior. Es la semilla de saber cómo es llorar por dentro mientras llevas la máscara sonriente por fuera.

Años después, dejo la industria del modelaje, tengo este corazón que se pone un poco más tierno cada vez que escucho la historia de una chica que siente que no es suficiente. El dolor tiene un rostro conocido. Estoy familiarizada con la añoranza, y creo en Aquel que puede sanarla.

Cuando escuché por primera vez el evangelio mientras vivía en Múnich, sentí como si alguien alimentara el estómago vacío de mi espíritu extasiado con bocados de pan remojado en vino dulce. Disfruté el sabor de la gracia y se me hacía agua la boca por más. Sabía la verdad. De formas pequeñas, perdoné mis imperfecciones, incluso las acepté. Comencé a alejarme del espejo del mundo y a acercarme al espejo de Dios. Mi atención se desvió de cómo me veía yo a cómo me veía y examinaba Él.

Dejar la industria del modelaje no fue un paso sencillo. Yo había estado desarrollando mi carrera por quince años, y alejarme sin el permiso de nadie fue una de las cosas más valientes que he hecho. Al mismo tiempo, fue sencillo: Me iba en busca de los sueños de Dios para mí, y sus sueños parecían una aventura más grande con un destino más grande.

Antes de llegar a casa, mi madre se fue de vacaciones a Italia a visitarme y fuimos al sur. Allí conocimos a una abuela italiana arrugada que me volvió a poner en contacto con el verdadero significado del hogar. Unos perritos corrían alrededor de su pequeña casa y un aroma delicioso salía de su cocina.

Las pasarelas de Milán estaban a mundos de distancia. Esta mujer cultivaba naranjas dulces y jugosas, y tomates rojos como el rubí, en el patio de atrás. Sus manos regordetas molían su propia harina y sus dedos cortos presionaban la *orecchiette*, una pasta con forma de dedo pulgar distintiva de su pueblo. Ella hacía una rica salsa de tomate casera, servía aceite de oliva hecho a mano por el agricultor y horneaba su propio pan crujiente. Mientras la observaba revolver la salsa roja con una cuchara de madera desgastada, una intuición se agitaba en mí. Sabía que tenía que volver a casa, a mi propia madre y abuela, a Dios, a la familia y a la cocina.

Cuando de regreso mis pies tocaron los Estados Unidos, llegué a casa a lo que conocía desde niña, mi madre cocinando en la cocina, haciendo tres comidas convencionales para su familia. En los domingos, mi mamá horneaba pollo sazonado hasta que toda la cocina se llenaba del aroma de la crujiente piel dorada y los jugos humeaban en la sartén. Hacía lasaña gruesa, con queso y llena de embutido. La sopa de arveja hervía todo el día con codillo de cerdo y tomillo. Hacía pastelillos de chocolate derretido, pastel de zanahoria con turrón de queso crema, pan de calabaza, pan de calabacín y pan de plátano en abundancia. Cuando era niñita, solía ayudarla a mezclar las nueces, lamía el tazón y la cuchara, y husmeaba en la encimera los pasteles que humeaban.

Lo mismo ocurría en la casa de mi esposo. La madre de Shane, Linda, es famosa por su hospitalidad. En cualquier día festivo decora la mesa como si el dulce Jesús fuera a llegar a cenar. Sus Días de Acción de Gracias están llenos de puré de patatas batido a la perfección, una olla de batata con azúcar moreno, canela y nueces que parece más un postre que la cena, y un pavo en salmuera tan suave que serías tonta si no lo remojas en la salsa morena de menudillos. Aparte de sus deliciosos asados, pasteles, sopas y rellenos, no hay nada más dulce que el famoso pastel de chocolate de Linda, hecho de una receta que le entregó la legendaria abuela Inez, una receta que le estoy enseñando a mi hija.

A medida que las mujeres se reúnen en la cocina de Linda, nuestras palabras se mezclan como tazas de harina, cucharadas de azúcar y pizcas de sal, que se combinan para crear un nuevo sabor. Cuando las épocas son confusas, solo revolvemos la salsa, revisamos la carne y hablamos de cosas sencillas. A veces, hasta anticipamos oraciones respondidas cuando nada señala a ellas. Incluso en las épocas más difíciles, cocinamos un asado perfecto, sabiendo que las bendiciones esperan al otro lado del cielo.

Cuando modelaba, golpear mi cuerpo con hambre, exceso de ejercicio y negación llegó a ser una forma de poner un gran saco de boxeo en mi puño y golpear cualquier cosa que quisiera. Sin embargo, eso no era una respuesta. Llegué a estar tan débil para luchar que quedé aporreada cuando el hombre más fuerte entró al cuadrilátero.

Ahora me resulta muy claro. Cuando la vida no es lo que quisieras que fuera, a veces la mejor forma de luchar por lo que quieres es la de levantar el ánimo y sacar el ajo y el aceite, abrir la lata de salsa, cortar los tomates y las cebollas, saltear la carne y revolver.

A veces, solo tenemos que hacer lo que hicieron nuestras madres: meterse a la cocina.

El ayuno del espejo

Me miro en el espejo y apenas puedo soportar lo que veo. Mi piel, que alguna vez fue cremosa, suave y pura, está llena de llagas. Los granitos dañan mi frente, pómulos y mandíbula, y alzan sus caras a ambos lados de mi boca. Son císticos y viles, y se agrupan en cicatrices caóticas. Detesto esas llagas feas. Detesto verme, y mientras más lo hago, más grandes se ponen, más se multiplican y más es la intensidad de la ansiedad que se desliza por mi cuello.

Intento con mascarillas, limpiezas, medicinas y tratamientos. Gasto dinero en remedios inútiles que no resultan. Mi piel solo se pone peor. Acabamos de mudarnos a una nueva ciudad, ¡y puedo decirte ahora mismo que no voy a anotarme para una biblioteca privada ni para el estudio bíblico! Pensé que era malo cuando me fui de la industria del modelaje hace diez años. Ahora es una pesadilla.

Mortificada porque estos quistes se han reunido en grupos alrededor de mi mandíbula, apenas salgo de casa. Cuando mi esposo pasa por la puerta, me encojo con vergüenza y me cubro el rostro. Los tratamientos han dejado tan secas las llagas por encima que puedo pelarme la piel como una serpiente con listones descascarados. Los niños quieren saber «qué le pasa al rostro de mami».

Bajo un cielo negro, salpicado de agujeritos de luz, golpeo el piso del patio con mis puños, suplicándole a Dios que me sane.

En una última súplica por ayuda, conduzco durante horas para reunirme con un dermatólogo famoso. De seguro me arreglará; me dará una prescripción mágica para hacer que desaparezca esta tortura.

Él me examina de cerca. No solo observa mis llagas, sino la aflicción que me ocasionan. Mientras le describo mi experiencia, mi rostro se ruboriza y mis ojos se llenan de lágrimas ardientes. Apenas puedo recuperar el aliento para hablar.

«Querida mía», dice con compasión, «usted no es una paciente de acné. Es una paciente del corazón».

Yo me inclino para acercarme y asegurarme de que me vea los granitos rabiosos que con tanta claridad me arruinan el rostro.

«Su problema no se origina en la piel, sino en el corazón y la mente», dice, como si me enseñara una lección. Al dirigir mi atención a un diagrama en la pared, explica cómo los ventrículos del corazón y la mente se conectan a las capas más profundas de la piel. «Parece que usted tiene una creencia en su corazón y su mente de que tiene que ser perfecta. ¿Le sembraron algo así cuando era niña?».

Yo comienzo a hablar y ni siquiera sé lo que sale. Babeo con mis palabras y tengo que recuperar la calma con un pañuelo.

Él considera los antidepresivos, pero se decide por la terapia hormonal que funcionará hasta la Semana Santa. Ni siquiera en el Día de Acción de Gracias.

Siento pánico. Mi rostro está arruinado. Quiero una receta para sanar esto ahora. En lugar de eso, me recomienda la consejería. «Una vez que llegue la sanidad emocional», dice, «la sanidad física llegará después».

Me envía al otro lado del pasillo con una amable y gentil esteticista. Mientras estoy acostada en la camilla, espero que me recomiende una crema mágica que detendrá toda esta tontería. No lo hace. Más bien, me dice que deje de verme en el espejo.

«Déjelo un mes», dice con música pacífica que suena en el fondo. «Haga lo que le gusta; enfóquese en lo que la hace feliz. No mire».

Lloro la mitad del camino a casa y comienzo mi ayuno del espejo al llegar a la entrada.

Cuando llego a casa, anuncio que ya no nos enfocaremos en la piel de mami. «Soy más que piel», les digo a mis hijos, y eso es todo. Durante cuarenta días, no me miro.

Como a las tres semanas del ayuno, dejo a mi hijo en el jardín infantil y veo a su maestra, la señorita Jan. Ella conoce mi historia. Sabe que estoy escribiendo un libro, que recibo consejería y que el dolor enterrado del pasado ha resurgido en mi rostro. Jan es una de esas personas que con naturalidad te invita a quitarte la máscara, a ser genuina y a decir la verdad. Me encantan las mujeres como ella.

«¡Jen!», exclama mientras cuelgo la mochila de Zach. «¡Te ves radiante! ¿Qué has estado haciendo?».

¿Qué he estado haciendo? No he visto el espejo durante veintiún días; he girado el retrovisor del automóvil, lejos de la vista de mi ojo; no he visto mi reflejo en las ventanas de las tiendas. Me he despertado en la mañana, me he puesto los lentes de contacto con una tenue iluminación, y he hecho lo que me encanta: leer la Palabra y escribir. He ido a la biblioteca privada y al estudio bíblico. Me he reído con mi familia y he obviado cómo me veo. ¿Qué he estado haciendo? He estado viviendo, y me he olvidado de cómo me veo.

La Biblia dice: «Radiantes están los que a él acuden; jamás su rostro se cubre de vergüenza» (Salmo 34:5). Cuando Moisés subió a la alta montaña para estar cara a cara con Dios, su semblante llegó a estar tan sorprendentemente radiante que después, cuando regresó con los israelitas, tuvo que cubrirse el rostro con un velo.

Algo sucedió en mi ayuno. Descubrí lo que me encanta y lo que me hace feliz, y no lo encontré viéndome en el espejo ni mirándome. Lo encontré al alejarme del espejo del baño y mirando el espejo que no cambia nunca. Aparte de leer la Palabra noche y día, marché por las veredas de la montaña y conté las estrellas con mis hijos. Escribí derramando mi corazón. Y, al final, conté mi historia.

En uno de los últimos días de mi ayuno, recibí una llamada de una chica de Georgia que había visto mi sitio web y que buscaba una conferenciante para un evento de niñas adolescentes llamado «Desenmascarada».

Me preguntó si creía que podría hablar de ese tema.

«Seguro», le dije. «Puedo hablar acerca de lo que es estar desenmascarada».

Cuando llegó la sanidad emocional, vino después la sanidad física. Aprendí todo lo que sé de belleza en la Palabra durante ese ayuno. Cambié la forma en que veía la belleza y cambié la forma en que me veía a mí misma.

Y entonces bajé de la montaña y hablé de lo que sabía que era cierto.

Habla el Creador

Examino el corazón de mi creación y lloro, una marea carmesí de amor y pena. Adoro a mis hijos y las formas en las que cada uno es diferente de manera fantástica y única.

Ustedes son el poema triunfante de mi corazón, cada palabra encantadora, una nota para una melodía. Son una vasija hecha a mano, moldeada de un montón de barro. Son un tapiz brillante con un sueño hilvanado en la tela de tu corazón.

Son niños curiosos, llenos de asombro, dedicadas mamás con esperanzas y decepciones, maestros que se derraman en la generación siguiente, escritores que sueñan, bailarines, cantantes, actores, vaqueros, atletas, hombres de negocios y personas que cambian el mundo. Todos se reflejan en mis ojos. Mi pueblo forma el caleidoscopio de lo que soy yo, juntos, ustedes son mi imagen.

Sin embargo, el dolor fluye cuando veo a mis hijos derrochando sus maravillosos cuerpos como si fueran basura. Me duele personalmente y quiero que lo sepan.

Oigo que el mundo dice: «Es tu cuerpo; ¡puedes hacer lo que quieras con él!». Sin embargo, yo no digo eso. ¿Tú hiciste tu cuerpo? ¿Lo formaste con tus manos y corazón? ¿Me lo compraste? ¿Qué precio pagaste?

Yo pagué el precio. Gasté todo lo que tenía en ti con sangre y lágrimas. Recibí las tiras de mi propia carne para comprar la tuya. Yo soy tu Hacedor, y tu cuerpo es mi creación; requirió de mucho trabajo. Cuando estoy cincelando una obra maestra, me siento muy orgulloso de mi diseño. Es más, hice un buen trabajo contigo, y todavía estoy trabajando. Quiero que lo veas de esta manera.

Cuando fijas la atención en el espejo, en la báscula o en la cinta medidora, quizá no te des cuenta de que lo que ves es solo una parte de todo lo que eres. ¿Acaso no te di un destino que no se puede ver en el espejo? ¿Un deseo? ¿Una meta? ¿Un talento? ¿Una habilidad? ¿Un sueño?

Hija mía, acude a mí por tu valor. No mires en un espejo que siempre cambia.

Algunas de mis hijas se pasan sus preciosas vidas enfocadas en alimentarse a sí mismas en lugar de alimentar al hambriento, examinán-

dose a sí mismas en lugar de sacar soluciones, y criticando las imperfecciones en lugar de perfeccionar a otros en amor. Desperdician sus dones tratando de complacer al hombre, al espejo o a ambos.

¿Por qué me miras y me cuestionas acerca de mis hijos, me cuestionas por la obra de mis manos? ¿Por qué dices: «Él no me hizo» y «Él no tiene manos» cuando yo tenía las agujas de tejer cuando diseñé tus sueños?

¿Crees que la belleza es una mujer que se parece a una muñeca en lugar de un niño con una sonrisa manchada de chocolate que mira la luna?

¿Crees que un hombre con un bisturí sabe más de belleza que yo, quien salpicó la noche con estrellas, quien sacudió la manta de lana de las montañas, quien escarchó las montañas y forjó un camino para que bajes con el viento fresco en tus oídos?

¿Crees que tus fragilidades señalan a mi fracaso?

¿Acaso no conozco la verdadera belleza cuando permito que los árboles muden sus hojas color rojizo para que los niños las aplasten y jueguen con ellas?

¿Acaso no conozco la verdadera belleza cuando le doy al hombre un amanecer color de seda limón con un horizonte lavanda, a fin de que pueda esperar un futuro mejor?

¿No salpico el cielo de la noche y del día con mi nombre: Creador?

Cuando me veas cara a cara, lo verás todo. Ahora ves en parte, un mal reflejo como en un espejo, pero entonces conocerás tal como eres conocida.

La manta de bebé

Mi madre teje. Cuando estaba embarazada de nuestra primera hija, Olivia, mi mamá tejió una manta de bebé con un diseño muy elaborado. Usó dos carretes de lana delicada para cada puntada, uno de los cuales era muy fino, con pequeñitos hilos que sobresalían por todos lados. También usó diversos colores pastel para crear un diseño de bloques en la manta. Mamá usó sus dedos al máximo al tejer esa manta, y cuando me la entregó, era suave, bonita y hecha con mucho amor.

Aun así, no era perfecta. Los bloques colgaban un poco asimétricos al poner la manta hacia arriba, a la luz.

Con el paso de los años, yo crie a Olivia con esa manta. La arropaba en la noche con esa manta. Y cuando creció, arrastraba la manta por la casa de arriba abajo en las escaleras. Esa manta tenía un gran kilometraje y ahora está desgastada y sin brillo, con agujeros en ella. Está más asimétrica de lo que fuera alguna vez.

Nunca le habría dicho a mi madre: «Lo siento, mamá, pero esa manta no esta muy bien. Tiene muchos defectos. Yo habría elegido otra lana, colores distintos, un diseño diferente. En realidad, no es lo bastante buena para mí, mamá, aunque sé que te esforzaste mucho con ella. ¿Puedes hacer una mejor, sin tantos errores?».

Por supuesto, nunca le diría a mi madre eso; ni siquiera lo creo. En cambio, esa es la actitud de muchas más mujeres y chicas de las que conocemos. Miramos a Dios y le decimos: «¿Sabes qué? ¡Podías haberme tejido con una copa D! ¿Por qué no me diste muslos más pequeños o un estómago más plano o una mejor piel? ¡Detesto mi cabello! ¡Quiero el de ella! ¿Por qué no puedo cantar, bailar o actuar? ¡Deberías haber hecho tantas cosas de forma distinta! Estoy muy insatisfecha con tu trabajo, Dios».

Él nos dice que nos creó de una forma maravillosamente compleja, y luego nos volteamos y le decimos que no es lo bastante bueno, y hasta detestamos su creación.

Por supuesto que la respuesta del mundo es arreglarlo de afuera hacia dentro. Una transformación extrema del cuerpo, nena. Rebana tu cuerpo y reconstrúyelo de la forma en que tú quieras. Al decidir cambiar los cuerpos que nos dieron es una decisión personal que requiere una conversación entre el alfarero y la vasija. Solo es entre Dios, la mujer y su esposo, y a los demás no les toca juzgarlo.

No obstante, tenemos que recordar que nuestro cuerpo no es posesión nuestra; es de Dios, es de nuestro esposo, y las decisiones en cuanto a él está entre nosotros y ellos.

Algunas mujeres son muy dispuestas en cuanto a sus cirugías plásticas y no se disculpan por ello, y dicen que han «vivido en esta casa por mucho tiempo y que ya es hora de arreglarla». Solo tenemos que ser conscientes de que los arreglos a una casa hecha de piedra y mortero son distintos a los arreglos a una casa hecha de sangre y huesos, porque dentro de la segunda palpita un corazón vivo.

El corazón es la clave de toda la belleza genuina, y ningún arreglo externo puede embellecer el corazón.

Así que la pregunta que debemos hacernos es si no solo cuidamos el cuerpo, sino también el alma. ¿Solo estamos renovando lo que otros pueden ver, o también estamos embelleciendo la parte más importante, lo que la gente no puede ver? Como lo dice *El Principito*: «Solo con el corazón se puede ver bien; lo esencial es invisible a los ojos»[5].

El intercambio del cielo

La buena noticia es que cuando lleguemos al cielo, no vamos a pasar por un exhibidor de túnicas y tener que elegir una talla cuatro o catorce. Los senos flácidos, los vientres protuberantes o los muslos gruesos no serán un problema. Las únicas medidas que percibiremos serán la gran estatura del reino. Veremos a Jesús cara a cara, caminaremos con Él en su gran creación y lo veremos en el centro del trono.

No anhelaremos un cuerpo perfecto porque la perfección será nuestra. No habrá más dolor, enfermedades, imperfecciones ni anhelos. No solo veremos todo lo que es bello, sino que estaremos unidos a ello; nos bañaremos en ello, seremos parte de ello[6].

Sin embargo, por el momento estamos en la tierra; estamos en estas tiendas llamadas cuerpos, en estas túnicas de carne. Como yo lo veo, tenemos tres opciones:

Primera opción: Podemos hacer de nuestro cuerpo un ídolo. Podemos adorar nuestro cuerpo, obsesionarnos con él, idolatrarlo como el foco central de nuestra vida. Podemos dedicar la gran mayoría de nuestro tiempo y energía para controlar o perfeccionar el cuerpo. De manera obsesiva, podemos fijar nuestros ojos en el espejo, en la báscula, en la cinta métrica, en las calorías, en nuestro tamaño y forma. Con todo, también tenemos que ser conscientes de que podemos perdernos una vida de belleza genuina si elegimos esta opción.

Segunda opción: Podemos rendirnos por completo a la búsqueda de la belleza porque no creemos que alguna vez la alcanzaremos. Podemos comer lo que queramos, llegar a tener sobrepeso y enfermarnos. Podemos vestirnos de forma desaliñada y no cuidarnos, aunque eso de seguro no es para lo que firmaron nuestros esposos ni lo que merecen nuestros hijos.

Tercera opción: Podemos aceptar la verdad de 2 Corintios 4:16: «Aunque por fuera nos vamos desgastando, por dentro nos vamos renovando día tras día».

Hay mujeres que hacen ejercicio toda su vida y parece que nunca pierdan el peso que quieren perder. Es difícil vivir en un cuerpo que no se puede controlar y que no se doblega a nuestras demandas. Es doloroso vivir en un cuerpo que no llega a nuestras expectativas. Sin embargo, en última instancia, depende de la mujer que se acerque para tocar la orilla de su túnica y crea que de una forma u otra Él la sanará. El espíritu de la mujer es lo que la fortalece para abrirse paso entre la multitud, hablar la verdad y esperar que Él mida su valor.

Cuando nos vemos como nos ve Dios, cuidamos de nosotras mismas porque creemos que vale la pena. Tenemos la responsabilidad de enseñarle a la generación más joven a envejecer bien. Tenemos que enseñarles que cuidar bien de nuestro cuerpo también significa cuidar de nuestra alma.

Podemos ser lo mejor posible con la piel que tenemos. Si yo lo hago, tú lo haces y nuestras madres, abuelas, nietas y amigas lo hacen, podemos hacer un verdadero impacto.

Por último, algunas necesitamos meditar en nuestras abuelas. Sígueme la corriente por un momento e imagina a tu abuela en ropa interior. Dios mío, se ve vieja, ¿verdad? El cuerpo se está desgastando. El reloj sigue sonando y sonando, el cuerpo envejece, sin importar lo que intentemos para congelar el tiempo.

Cuando mi abuela Betty murió, tenía noventa y un años. Así como una vela alta que se consumió por mucho tiempo, la cera se derritió con hilos grumosos, todo el cuerpo de la abuela se escurría hacia el suelo. Sufría de osteoporosis y se encorvó.

Cada vez que visitaba a la abuela Betty, esta atisbaba por la mirilla, abría la puerta y aplaudía de gusto. Se iluminaba desde dentro; sus ojos eran como zafiros en el mar iluminado por el sol, siempre resplandecientes. Tenía una belleza que brillaba de adentro hacia fuera.

La abuela no creció en un mundo en el que el bótox o los trabajos en los senos eran una opción. Practicaba pararse recta, tomaba su calcio, comía su salmón y espinacas, hacía aeróbicos acuáticos usando una gorra para nadar y hacía lo mejor posible para mantenerles el rastro a sus llaves y lentes. Nunca envejeció por dentro. Toda inclinada, pero todavía inteligente y bella, la abuela solía decirme: «Sabes, soy la misma por dentro. Solo me veo distinta». Y en sus ojos veía el reflejo de una mujer que me gustaría ser.

El día de nuestra última visita, yo tenía nueve meses de embarazo de Olivia. La abuela estaba cansada, por lo que me acosté con ella y le froté sus tensos músculos alrededor de su suave columna hasta que se quedó dormida. Dos días después, di a luz a Olivia, justo cuando a la abuela Betty la ingresaban al hospital. Se vino abajo hasta que la pusieron en un área donde no se permitía llevar recién nacidos. La visité tan pronto como pude. Ya no respondía, tenía la boca abierta y sus ojos tenían una mirada perdida. Ya no la alimentaban.

«Te quiero... te quiero...», le grité al oído.

«Nadie ha podido llegar a ella», susurró mi tío.

Sin embargo, no dejaba de decir esas palabras, con lágrimas en mis ojos que viajaban por las arrugas de su rostro.

Y entonces me oyó. Sonrió. Apretó los ojos y también lloró, nuestras lágrimas se fusionaron en una corriente mezclada. Nadie obtuvo ninguna reacción suya después de eso.

Nunca llegó a cargar a Olivia con esa manta de bebé, ni siquiera la vio.

Aun así, sabía que fue un intercambio celestial. Del polvo venimos y al polvo volvemos, y nuestro espíritu vuelve a Dios quien nos creó.

Ya no pude abrazar a la abuela, pero podía abrazar a mi bebé y ver que Dios intercambia la belleza por cenizas, y no tiene nada que ver con lo que vemos en el espejo.

Algún día veré a la abuela Betty otra vez, y ella estará renovada en la gloria. Tal vez esté parada en el área de las fresas, o cortando rosas, así como la recuerdo cuando yo era niña.

Somos las creaciones preciosas de Dios, la obra de sus manos, y solo Él puede definirnos la belleza.

La Biblia nos dice que vivamos por fe, no por vista; que no fijemos nuestros ojos en lo que podemos ver, sino en lo que no podemos ver, porque lo que se ve es temporal y lo que no se ve es eterno (2 Corintios 4:18).

¿Cómo me recuperé de mi trastorno alimentario? ¿Cómo superé mis problemas de la piel? Decidí dejar de fijar mi mirada en mí misma; giré mi atención a Dios y sus sueños para mí. En el espejo de su mundo, vemos que Él no solo hace nuestros cuerpos, sino que teje un hilo hilvanado muy finamente en nuestros corazones: la fibra de su amor, la cual nos mantiene juntos.

Una de las mentiras atractivas es creer que lo visible define la belleza. Así como creó el mar y todo lo que hay allí, Él nos llenó con profundidades de belleza que no se puede ver en la superficie. Nuestro trabajo es meternos en lo hondo de las aguas de nuestra alma y verificar los tesoros incrustados allí. De nosotros depende llevar esas joyas a la superficie y bendecir al mundo con su valor. De nosotros depende creer que somos más que la suma de nuestras partes. Estamos llenas de la capacidad de reflejar la imagen de nuestro Creador, y a través de nosotros, Él sigue creando, manifestando su sabiduría, amor y poder por medio de estos cuerpos imperfectos nuestros.

De nosotros depende aceptar la verdad hermosa: Somos las creaciones preciosas de Dios. Él es el alfarero; nosotras somos el barro, su diseño único y las joyas que tenemos dentro es lo que nos hace brillar.

5

ERES LO QUE TE DICEN LAS REVISTAS

*Las revistas retuercen nuestras nociones del valor
de las mujeres; el diablo es su socio.*

Seiscientas sesenta y seis maneras de cambiarte

L a portada de la revista afirma: *¡Ochocientas doce maneras fáciles de verte fantástica ahora mismo!* ¡Vaya! Me encantaría verme fantástica ahora mismo, pero tengo puesta una vieja sudadera gris y no tengo ni una pizca de maquillaje. Mi sudadera es tres tallas más grande y tendrías que pagarme para que me ponga un par de pantalones o siquiera unos vaqueros. No he tenido tiempo de arreglarme el cabello y tendré suerte si termino hoy de lavar los platos y la ropa.

¿Quién tiene tiempo para «verse fabulosa ahora mismo»? Ahora mismo tengo que pagar la hipoteca, ir por pollo para la cena, llevar a mi hijo a comprar un regalo de cumpleaños y llevar el auto a un lavado. ¡Ahora mismo tengo que responder cincuenta correos electrónicos, limpiar las manchas del perro en la alfombra y hacer una cita con el pediatra! ¿Ahora mismo? ¿Podemos vernos fantásticas después, por favor? ¿Y en realidad puede ser *fácil?* ¿Se requieren ochocientas doce cosas? No tengo tiempo para ochocientas doce cosas, en especial ahora mismo.

Ahora que pienso en eso, tampoco tengo tiempo para ochocientas doce cosas más tarde. Después, tengo que poner tres cargas de ropa en la lavadora, lavar los platos del desayuno, preparar la cena, barrer las hojas, pagar las facturas y caminar con mi vecina porque poner al bebé en el carrito es la única forma de evitar que destroce la casa. Después me aseguraré de verme lo bastante decente para ir a la tienda *Target*. Más tarde, cuando los chicos mayores lleguen a casa, prepararé meriendas y los ayudaré con los deberes escolares. Y para cuando mi esposo entre por la puerta, trataré de que la casa y yo nos veamos tan bien como sea realista en ese momento. *Después*.

A fin de cuentas, señora Revista: Ya tengo ochocientas doce cosas que hacer y verme fantástica solo es una de ellas.

Tengo un montón de portadas de revistas clásicas que he coleccionado con el paso de los años. La revista que más se vende en los Estados Unidos, *Cosmopolitan*, y sus amigas, *Glamour* y *Vogue* se enfocan por completo en qué tan bien te ves, en lo fantásticas que se ven las modelos y actrices retocadas dentro de sus páginas, y cómo puedes atraer a un hombre.

El mundo está lleno de hambre, enfermedades, dolor y violencia... pero también de milagros, salvación, sanidad y enormes cantidades de amor. Sin embargo, las revistas de moda no te dirán nada de esto. Se enfocan por entero en tu apariencia y en tu satisfacción sexual. ¿Deberían ser esas cosas el centro de nuestra atención?

Repasemos algunos pensamientos de estas revistas.

He aquí solo una muestra de los títulos de portada de mi montón:

- Lo mejor de la belleza: 245 productos ganadores para la piel, el cabello y el cuerpo más sorprendentes
- Combatientes de arrugas, Fortalecedores del cabello, Tranquilizantes para la piel, Reparadores de puntas abiertas, y más
- Cómo obtener una piel fresca y clara; Cabello brillante y sexi; Maquillaje rápido y halagador; Un cuerpo lustroso y suave; y Uñas brillantes y nítidas; Además, cómo vestirse para verse más delgada y encontrar los pantalones vaqueros perfectos

- Nuevos peinados sexis: Ni una pizca tensos
- Deseo de un cabello de celebridad: Consejos paso a paso
- Una piel totalmente hermosa: Un rostro más brillante y fresco
- 300 vestidos, bolsos, sandalias y tacones sexis de verano
- Más de 240 zapatos, bolsos y estilos nuevos
- 624 maneras de sacarle lo máximo a tu estilo
- 259 estilos nuevos para cada cuerpo y presupuesto
- 100 ideas para cabello y maquillaje de fiesta
- ¡Tu mejor cuerpo jamás visto! Eleva tu metabolismo, obtén mejores curvas, pon tu piel a prueba de edad
- Trajes de baño perfectos para cada figura
- Cabello de verano sexi: Obtén un volumen espléndido con rapidez
- Cabello millonario: Grueso, brillante, totalmente lujoso
- ¡Glúteos espectaculares! ¡El secreto para los mejores glúteos!
- Una nueva forma para una piel perfecta
- Ojos muy abiertos: La nueva cirugía cosmética
- ¡Belleza que no envejece!
- ¡Cabello perfecto y brillo espléndido!
- ¡Belleza por menos de diez dólares!
- ¡Asombrosa sin maquillaje!
- ¡El problema de la transformación! ¿Qué puedes cambiar de veras en 30 días? ¡MUCHO! ¡Repara tu vida sexual, tus amistades, tu trasero!
- ¿Qué dice tu APARIENCIA de ti? ¡Pregúntale a tu terapeuta de belleza!

He aquí mis favoritos de todos los tiempos: «176 consejos para simplificar tu vida» (como si necesitara 176 cosas más que hacer para facilitar mi vida) y «¡Feliz al instante!». Si la felicidad fuera instantánea, la habríamos comprado desde hace mucho tiempo, señorita Revista.

¿Están equivocadas esas portadas? No me toca decirlo. ¿Abrumadoras? Sin duda. Las estadísticas dicen que las chicas ven de cuatro a *seiscientas* imágenes en los medios de comunicación cada día, y después de pasar solo de uno a tres minutos leyendo con detenimiento una revista de modas, el 70 % de nosotras comienza a sentirse culpable, deprimida, avergonzada y enojada. Es de locos el hecho de que las mujeres que leen revistas para la buena forma son dos veces más propensas a usar mecanismos de dietas no saludables como vomitar y laxantes. ¿Por qué será esto? Debido a que ven imágenes irreales que nunca pueden igualar. La modelo promedio es más delgada que el 98 % de las mujeres estadounidenses y por lo menos una cuarta parte de las mujeres de los concursos de Señorita Estados Unidos y de los pósteres desplegables de *Playboy* reúne los criterios de la anorexia.

Según la revista *Teen*, el 35 % de las niñas de seis a doce años han hecho por lo menos una dieta, y el 81 % de las niñas de diez años tienen miedo de llegar a ser gordas. Las imágenes de los medios de comunicación han influido tanto en sus mentes que tienen una percepción indebida de un peso saludable. Más de la mitad de las adolescentes dice que quieren perder peso. La razón que mencionan: fotos de revistas. Las imágenes, así como los títulos de las revistas, tienen una forma sutil de cambiar el enfoque de nuestros dones, talentos y habilidades y lo ponen en el yo. Mientras más veamos estas imágenes irreales de la belleza ideal, más nos encerramos en nosotras mismas y nos sentimos poco bellas.

Veo por cinco minutos las imágenes de las portadas de las revistas y yo, que solía estar en las portadas de las revistas, no me siento nada perfecta. Podría descender con facilidad en una espiral de celos, depresión y autodesprecio si viera demasiado las bellezas retocadas con su piel, cabello y cuerpo perfectos. Aun así, no lo haré, porque sé que esa imagen no es fiel a la vida. Conocí modelos cuyas vidas estaban llenas de bulimia, promiscuidad sexual, uso de drogas, baja autoestima, sin propósito, con ira, hambre, soledad y más. Muchas de las modelos de portadas hoy en día han pasado por tratamientos para baja autoestima, adicciones y abuso. Todo en sus apariencias las han alterado maquilladores expertos, especialistas de iluminación, fotógrafos y, por supuesto, el aerógrafo. La mayoría tiene entrenadores personales, dietistas y cirujanos plásticos, y gastan cantidades desmesuradas de dinero en tratamientos de belleza. Lo sabemos. Sin embargo, nuestras hijas no.

Para ellas, las revistas son aún más agobiantes. En la portada de una revista *Seventeen*, un ejemplo nada estelar de una estrella tiene piel blanca, cabello decolorado y resplandecientes ojos azules. En la portada de *Cosmogirl!*, esa misma estrella está bronceada, con cabello castaño rojizo y ojos verdes. ¿Cómo se supone que nuestras niñas van a estar al día? Los títulos son «875 formas de verse bella», «527 formas de brillar para las fiestas» y «Movimientos coquetos que son irresistibles para los chicos».

Seventeen presenta: «656 ideas de moda y belleza: ¡Sé bella ahora!» y «Secretos de besos que los chicos quisieran que supieras». Los títulos están pegados sobre la imagen de una estrella que es bien conocida por su gusto intenso por las fiestas, sus expresiones de moda casi desnuda y la violencia en citas tan publicadas. Cuando nuestras niñas salgan de la escuela para el verano, *Seventeen* les entregará «859 formas de ponerse bonita», les dirá cómo «Verse SEDUCTORAS con un bikini» y cómo «Hacer que los chicos te adoren». Cuando sea hora de que vuelvan a comenzar la escuela, la misma revista les dará «825 formas de verse bonitas», cómo «Obtener un cabello brillante y una piel perfecta desde el primer día de la escuela» y les dirá cómo «¡Conseguir todo lo que quieras este año: un gran cuerpo, miles de $$$, ropa espectacular y una megaconfianza!».

Al parecer, nuestras niñas no tienen suficiente tal como son. Tienen que hacer miles de cosas para llegar a ser bonitas, y cuando lo hagan, tendrán todo lo que desea su corazón.

Y todavía no hemos abierto siquiera las revistas.

Con defectos y fabulosa

Cuando abro las revistas, este título me resalta: «Fabulosa es perfecta». Entonces, me imagino que no soy fabulosa, porque *no* soy perfecta.

He aquí mi realidad: He visto líneas horizontales en mi frente y dos verticales entre mis ojos, y el dinero que podría haber gastado en tratamientos de belleza estará con una gran moña para mis hijos debajo del árbol de Navidad este año. Yo solía estar en los anuncios de Jordache en la revista *Glamour*; ahora, tendrías que usar el aerógrafo conmigo para llegar a esas páginas. Mi automóvil está sucio, mis armarios están medio llenos y mi vestuario está tan fuera de moda que es divertidísimo. No he hecho ejercicio en meses, pero hice el año pasado... ¿Cuenta eso? Los platos del desayuno no están limpios, las heces del perro todavía no se han recogido, el automóvil todavía no se ha lavado, y mi listado de cosas pendientes se remató con otra. Si fabulosa es perfecta, no lo soy.

En cambio, esto es lo que sé: Soy fabulosa con todos mis defectos, y tú también. No hay una página en alguna revista de la tierra que tenga el poder de definirnos.

¿Qué quieren las mujeres de verdad? ¿Quieren 565 formas de verse bien? Nosotras somos mucho más profundas que eso. Al tomar un listado de las mujeres que conozco: queremos que nuestros esposos nos anhelen de la forma que lo hicieron cuando éramos novios. Queremos que nuestros hijos con problemas de aprendizaje encuentren su identidad no solo en los resultados de un test. Queremos que nuestros hijos sean seguros, que tengan éxito y que se levanten cuando caigan. En realidad, algunas queremos una forma de rellenar los fondos universitarios que vaciamos en los tiempos difíciles; necesitamos un plan financiero o un mejor trabajo. Anhelamos la reconciliación de nuestras familias. Sanar en nuestras relaciones. Que nuestros mejores amigos vuelvan a nosotros. Que nuestros bebés sean saludables, y que al llegar a casa del hospital, permanezcan por muchísimo tiempo. Que nuestros suegros nos acepten y honren nuestros límites. Que la quimioterapia no duela tanto como la última vez. Que nuestros esposos se levanten de su caída y que vivan bien otra vez. Solo queremos saber que todo está bien, incluso cuando se sienta que no es así.

Queremos conexión; queremos perdón; queremos libertad.

Somos mujeres de verdad y queremos las cosas verdaderas.

Queremos lo que no se puede comprar, ni fabricar, ni retocar, ni mercadear, y sabemos que la felicidad no es una fórmula instantánea. Es interna.

Tú y yo tenemos defectos... y somos fabulosas. Y muy en lo profundo, todas queremos no miles de cosas, sino una cosa: Todas queremos saber, a pesar de nuestra fragilidad, que Dios escucha nuestras súplicas desesperadas y que del cielo lluevan las respuestas.

Habla *Cosmo*

Cosmopolitan es la revista que más se vende cada mes en los Estados Unidos, con sesenta y cuatro ediciones alrededor del mundo. Más de cien millones de adolescentes y mujeres jóvenes, en más de cien países, leen *Cosmo*. Si reuniéramos a sus lectoras en un lugar, sería el duodécimo país más grande del mundo[7].

Ah, ¡cómo habla *Cosmo*!

En una muestra de portadas, encontramos estos títulos pegados sobre el cuerpo de una joven estrella que ha batallado con trastornos alimentarios y cortaduras, y soportó la rehabilitación por una crisis nerviosa: «SEXO, DIVERSIÓN, DIVERSIÓN, DIVERSIÓN: La nueva erótica; Hombres mayormente desnudos; El sexo que él anhela, por dentro: Una edición de regalo tan estimulante que hicieron que la selláramos». ¿Somos conscientes de que a la modelo de la portada ni siquiera se le permite legalmente beber una copa de vino? Comenzó con *Barney y sus amigos*, luego fue una estrella de Disney, ahora es una chica de portada para sexo.

¿Estamos rozando el límite de la pornografía infantil y lo llamamos moda? En otra portada de *Cosmo*, la actriz tiene diecisiete años, ni siquiera ha terminado el instituto, y en su hueso púbico está el título: «Demasiado pícaro como para decirlo aquí, ¿pero has probado este truco sexual?».

Algunas de las actrices más favorecidas de Hollywood posan medio vestidas en la portada de *Cosmo* con títulos escritos en sus cuerpos como: «21 consejos sexuales pícaros» y «Novias mentirosas indecentes». ¿Se dan cuenta estas estrellas adolescentes del mensaje que les envían a cien millones de chicas del instituto y de la universidad que leen estas revistas? El mensaje es este: Tu cuerpo es un juguete y el sexo es un juego. ¡Pruébalo, chica! Ese es un mensaje muy poderoso con algunas consecuencias duras para las jóvenes.

No podemos culpar a las chicas de portada, aunque a estas alturas, varias podrían boicotear a *Cosmo*, como lo han hecho algunas. Yo misma estuve en la portada de una revista en Australia, y los editores escribieron títulos de mal gusto sobre mi hombro que yo nunca habría aceptado. Yo no tenía participación en eso; no vi la portada hasta que el mundo la vio.

Estas revistas nos dicen que tenemos el derecho de hacer lo que queramos con nuestro cuerpo y que la «libertad» sexual es en realidad libertad. Sin embargo, la libertad sexual es esclavitud. El sexo fuera del matrimonio, ya sea en forma de tener relaciones sexuales con cualquiera, incesto, adulterio o prostitución, puede llevar a una congoja y dolor tales que todas las páginas de todas las revistas de todo el mundo no podrían describir la desesperación.

Para ir aún más profundo, tenemos que darnos cuenta de que las revistas no son el problema. La imprenta, después de todo, en un principio se inventó para imprimir Biblias. ¿Qué hicimos con ella? Imprimimos pornografía. Nuestros corazones son el problema.

Tenemos que ser sabias con las mentiras atractivas que vemos en las revistas. Tenemos que ser capaces de distinguir las mentiras de la verdad, y los mensajes no sanos de los sanos. Las mentiras principales que llegan de las revistas son:

1. No eres suficiente así como eres.
2. Eres la dueña de tu cuerpo.
3. Tu carne es tu valor, pero tu carne no tiene valor.

Entonces, esta es la realidad: Las mujeres administran estas revistas. Desde el personal editorial principal hasta abajo en el listado, las *mujeres* crean el contenido, el diseño y el mensaje de las revistas. Las mujeres, no los hombres, les dicen a otras mujeres y chicas que tienen que cambiar para ser lo suficientemente bonitas;

las mujeres les dicen que a pesar de que su carne es su valor, a la larga su carne no tiene valor. Es usable, reusable y desechable.

Yo tengo experiencia personal con mujeres que promueven este mensaje. Mi agente de modelaje en Hollywood era notable por decirles a las chicas que no tenían la oportunidad de tener éxito en el negocio porque no eran lo bastante altas, sus mandíbulas no eran lo bastante cuadradas, sus figuras no eran lo bastante proporcionadas, sus labios no eran lo bastante gruesos y su piel no era lo bastante clara. Y las mujeres que administran las revistas en Europa pueden ser más crueles aún. Con un movimiento de sus varitas mágicas pueden desechar a una chica por ser «promedio» o hacerla una estrella.

Por todos los hombres que intentaron aprovecharse de mí, nunca olvidaré a la *mujer* que hizo su mejor intento. Era una lesbiana proclamada públicamente que dirigía una revista famosa mundialmente en París. En la tranquilidad de su enorme oficina me pidió que me levantara la falda con la excusa de que quería ver la parte interna de mis muslos. A los dieciocho años, tuve que detenerla en la línea de mi ropa interior.

De forma clara sintió que era perfectamente aceptable manipular a una chica de una pequeña ciudad de los Estados Unidos que está de pie sola en su oficina. Incluso, me dejó con algunas palabras extrañas acompañadas de un resoplido brusco. «Bien podrías dejar de ser una puritana ahora mismo, cariño, porque de todas formas, la gente acabará viéndolo todo», dijo y me despidió.

Desde las oficinas del jefe editorial hasta las chicas acostadas en el piso de sus habitaciones, rodeadas de revistas de modas, los mensajes tergiversan nuestras mentes. En lugar de darnos poder, hacen que nos sintamos y nos comportemos peor. Esta generación de niñas tiene la peor autoestima que cualquiera antes que ellas. La depresión, los trastornos alimentarios y la baja autoestima son los problemas de salud mental más comunes de las chicas de hoy en día. Les advertimos a nuestras hijas de los daños de las drogas, el alcohol y el tabaco, ¿pero les advertimos del impacto que las revistas de modas y de buena forma física pueden tener en su psique? Si ver algo hace que una mujer o niña se sienta culpable, deprimida y avergonzada de su cuerpo, no debería verla, punto. Y esto lo dice alguien que estuvo en las revistas. Yo salgo de las páginas para susurrar: «Es mentira».

> *Eres más que tu cuerpo.*
> *Eres más que tu apariencia.*
> *Eres más que suficiente.*
> *Eres amada. Preciosa. Santa.*
> *Eres bella así como eres, ahora mismo.*

El grito de batalla

No estoy segura por qué comenzaron a aparecer en mi buzón del correo. No las pedí. No me habría suscrito a ellas en un millón de años. En cambio, allí estaban: *Glamour, Cosmopolitan, Allure.* Mes tras mes rebatí los cargos en mi cuenta. Mes tras mes, seguían llegando.

Por lo que ahora tengo un gran montón de revistas con páginas rotas, artículos rasgados y resaltados e imágenes analizadas y esparcidas en todo mi escritorio y piso.

Dentro de las revistas encuentro mentiras descaradas.

Tu cuerpo es tu valor.

No tienes valor.

Tu cuerpo es un juguete. El sexo es un juego. Pruébalo, nena.

Dentro de estas páginas hay un exceso de ideas de cómo las chicas pueden destrozar sus corazones en pequeños pedazos. Estas revistas les dan instrucciones, diagramas e interminables consejos, paso a paso, de cómo complacer a su «pareja» o a sí mismas. Los artículos y anuncios hasta tienen el descaro de prometerles a las chicas que agradar sexualmente a su «tipo» lo convertirá en el Príncipe Azul: las llevará a cenas a la luz de las velas, las escuchará con atención y estará sonriente por días. Se les dice a las chicas que mantengan sus opciones abiertas. Si no resulta bien con un tipo, pueden desplazarse hacia otra «pareja», sin especificar el sexo, y tratar algunos trucos nuevos.

Estas revistas no se promocionan para las mujeres casadas. Las mujeres casadas leen *Cooking Light* [Cómo cocinar sin grasa]. Las mujeres casadas voltean las páginas de *Good Housekeeping* [Buen cuidado de la casa], *Real Simple* [Muy sencillo] y *House Beautiful* [Hogar bello] con la esperanza de encontrar otra manera de cocinar el pollo, de organizar los armarios de los chicos o de colgar cortinas. Las casadas investigan el mejor cuidado de la salud para sus hijos, evaluando los dilemas de la escuela pública o privada, buscando ayuda financiera, y se centran en los consejos de decoración, del hogar y de la salud. Con esperanza, las mujeres casadas invierten tiempo, energía y corazón en sus camas matrimoniales, permaneciendo vestidas a la moda, haciendo ejercicio y comiendo de manera saludable. Sin embargo, vayamos al grano: *Glamour, Allure* y *Cosmo* se promocionan para las mujeres solteras, las chicas adolescentes y las de veintitantos años.

Cuando las chicas salen de la universidad y quieren iniciar una relación de compromiso para toda la vida, me pregunto cómo les resultan esos trucos. Cuando salen de la universidad con el peso de sus abortos, de las enfermedades de transmisión sexual, con relaciones rotas, con vergüenza, ira, traición y corazones que rebosan de remordimiento, ¿entonces qué? ¿*Cosmo* las va a ayudar a sanar?

Así es que mienten las revistas: Nuestros cuerpos son fuentes de aprobación. Nuestros cuerpos son una forma de obtener el amor que anhelamos. Nuestros cuerpos son nuestros. El sexo es una estratagema para la atención del hombre. El sexo es una actividad, no una unión. Un juego, no una comunión. El sexo no es algo para unir a la esposa y al esposo y para engendrar hijos; se trata de complacer al yo y a los demás para ganarse el amor. Como si el amor pudiera ganarse. El hecho de que *Cosmo* sea la revista mensual que más se vende en los Estados Unidos nos dice mucho de la condición de los corazones de las mujeres. Mientras buscamos más formas de lanzarles nuestro cuerpo a quienquiera que se nos antoje, el mundo atrapa a las niñas de Dios, torturándolas y atándolas a la esclavitud sexual. Un promedio de tres millones de mujeres y niñas se compra, vende y obliga a vender sus cuerpos para el sexo. Apuesto que darían cualquier cosa para que cien millones de lectoras de *Cosmo* elevaran sus voces en un grito de batalla por ellas.

Qué tal si todas juntas nos pusiéramos de pie y gritáramos: «¡Yo no! ¡Tú no! ¡Ella no! ¡Ya basta! No somos solo cosas. No somos solo carne. ¡Nuestros cuerpos son valiosos, sagrados y vale la pena salvarlos!».

Juntas, nuestras voces pueden expresar el verdadero significado de la libertad. Este no solo es un grito de batalla para las mujeres y niñas. También lo es para los hombres. Nuestros futuros esposos lo merecen; nuestros hijos, incluso más.

Protegidas

A las chicas universitarias de los Estados Unidos quizá no las atrapen ni las obliguen a tener sexo, pero la mayoría decide entregarse gratuitamente. ¿Quién paga el precio? Ellas lo pagan. Según la Dra. Miriam Grossman, psiquiatra de campus y autora del asombroso libro *Unprotected* [Desprotegida], la consejería en las oficinas del campus no sugieren el dominio propio, sino el látex[8]. A los preservativos, a pesar de su tasa de fracaso, dice Grossman, se les «consagran continuamente»[9].

Esta psiquiatra brillante, preocupada y llena de fe lamenta la manera en que lo políticamente correcto en su profesión pone en peligro a los estudiantes. En los campus universitarios, dice, «la infección con uno de los virus transmitidos sexualmente es un rito de iniciación. Llega con el ámbito de acción. El aborto es el retiro del tejido indeseado, una clase de extirpación de las amígdalas [...] Los estudiantes tienen "parejas" de cualquier sexo: ¿Cuál es la diferencia si son hombres o mujeres?», pregunta, al describir la mentalidad de los centros de consejería de los campus[10].

Según Grossman, casi todos los consejeros de los campus pasan por alto las estadísticas que muestran que practicar una vida de fe es de beneficio para la psique de una persona. A los consejeros se les enseña a obviar la verdad de que el sexo fuera del matrimonio ocasiona congoja, vergüenza e incapacidad de concentrarse en sus estudios, debido al simple hecho de que las chicas todavía están apegadas a los chicos con los que han practicado el sexo.

He aquí solo un ejemplo de los pacientes de la Dra. Grossman, una chica de dieciocho años que llegó al centro de consejería del campus universitario por depresión y una recaída de bulimia. Esta chica, que vomitaba hasta seis veces al día, decía que el final de un romance era la fuente de su dolor. Durante su primera sesión, la chica le describió a la Dra. Grossman la relación de corta duración, su primera experiencia con la intimidad:

> «Cuando terminó, dolió mucho», dijo llorando. «Pienso en él todo el tiempo, y no he asistido a una de mis clases porque él estará allí, y no puedo soportar verlo. No estaba nada preparada para esto... ¿Por qué, doctora», preguntó, «por qué te dicen cómo proteger tu cuerpo, del herpes y del embarazo, pero no te dicen lo que le hace a tu corazón?»[11].

Grossman dice que los estudiantes se ven inundados de información en cuanto a la anticoncepción, a una dieta saludable, a los peligros de fumar, a la importancia de dormir, a las formas de sobrellevar el estrés y la presión... pero ni una palabra de la devastación que el sexo casual deja en las emociones de una joven mujer. Los campus universitarios producen folletos que dicen que el VPH es «normal» y que se puede tratar en lugar de advertirles a las chicas para que protejan sus corazones.

¿Por qué están destrozadas tantas chicas? ¿Y por qué los centros de consejería de los campus introducen «un montón de antidepresivos» para mantenerlas funcionando? Debido a que muchos consejeros universitarios creen la mentira. No solo es *Cosmo* y no son solo las chicas. La cultura políticamente correcta es la que dice que está bien entregar tu cuerpo. Solo protégete. Solo practica el sexo seguro.

Trata de decirle a una chica cuyo corazón se destrozó por un aborto, una violación en una cita o el abandono que el sexo es seguro. Trata de decirle a una chica con VPH que está llena de vergüenza, ira y remordimiento que el sexo es seguro. Trata de decírmelo. No me convencerás.

Un preservativo no puede proteger tu corazón. Una píldora anticonceptiva no puede eliminar el vínculo en el alma que crea el sexo. Un diafragma no puede sanar al útero lleno de heridas. Y un aborto no puede deshacerse del mundo de un niño cuya vida es eterna. Estas son las verdades que deberían predicar en los campus universitarios.

Entonces, si ellos no lo hacen, ¡yo sí lo haré! ¿Por qué? Porque en realidad esas chicas me importan.

Nuestros cuerpos no son tiendas abiertas las veinticuatro horas del día donde los chicos o los hombres pueden entrar y tomar lo que quieren, y abandonar sucio y cubierto de basura, el revuelto piso de nuestras almas, con huellas y suciedad pegajosas.

Nuestros cuerpos deberían tener guardias parados en frente porque dentro de nosotros hay un gran tesoro y valor, propósito y potencial. Vale la pena proteger nuestros cuerpos; vale la pena proteger nuestro futuro.

Si tienes una hija, una sobrina, una vecina o una niñera a quien podrían haberle lavado el cerebro con lo políticamente correcto, ¡háblale! No permitas que *Cosmo* o la cultura le diga lo que es el «sexo seguro». Infórmale que el sexo seguro es algo que pasa dentro de los límites seguros, el matrimonio, y donde el pacto de Dios se explora y disfruta por completo. El sexo seguro dentro del matrimonio es un poema, un bálsamo, un vínculo y es fabuloso.

Explícale que la relación sexual te hace «una carne» con un hombre y que ata tu alma a él. En cambio, si no estás casada con él, este vínculo del alma no es suficiente para mantenerlo contigo. Él es libre para irse. Podría abandonarte y dejarte con un corazón destrozado.

Explícale que el tipo quizá no sepa cómo sanar su corazón herido. Quizá no sea un príncipe equipado para matar al dragón de su aborto potencial; su aliento feroz podría cicatrizarla de por vida. Explícale que la mayoría de los chicos universitarios no están preparados para criar bebés y no tienen una carroza tirada por caballos lista para irse al castillo. El universitario promedio fácilmente podría tener SIDA u otra enfermedad de transmisión sexual que puede poner en peligro la vida de los dos e impedir que ella tenga hijos en el futuro.

Hay consecuencias eternas al creer las mentiras atractivas de la cultura. Las chicas de portada se ven bonitas. Los títulos parecen fantásticos. No obstante, solo porque algo se vea bueno no quiere decir que sea bueno. Los artículos parecen atractivos y, en definitiva, las fotos mantienen la imagen de la perfección, ¿pero quién es el dios que adora la belleza externa y retuerce el valor interno de la mujer? El diablo es un buen mentiroso.

El valor del hombre

Todo este tema del valor de las mujeres me hace pensar. ¿Qué me dices del valor del hombre? En realidad, ¿es solo un juguete sexual como lo presentan las revistas de moda? ¿O también lo crearon para más?

En mi vida, quiero ver a mi esposo levantado en alto. Quiero que sea todo lo que pueda ser y quiero que se cumplan todos sus sueños. Parte de que llegue a ser todo lo que puede ser es saber que puede confiar en su esposa, sabiendo que lo apoyo y que entregaría mi espada para que él blanda la suya. Parte de ser una esposa es entregarte en mente, cuerpo y alma a tu esposo.

Lo que las revistas de moda promueven no solo es que las mujeres no tienen valor, sino que tampoco lo tienen sus futuros esposos. A sus futuros esposos, los padres de sus hijos, no se les respeta. Respetar a nuestros esposos significa guardar lo que es precioso solo para ellos. Es creer que no solo vale la pena que esperemos, sino que ellos lo hagan también. Vale la pena que guardemos nuestra virginidad para ellos. Vale la pena que conservemos nuestro cuerpo y que los cuidemos como templos y no como tiendas abiertas las veinticuatro horas del día.

Un hombre bueno es un tesoro. Haríamos bien al enseñarles ahora a nuestras hijas que comiencen a atesorar a sus futuros esposos para que no tengan una carga de piedras sucias y contaminadas en sus corazones cuando caminen hacia el altar.

Un titular mejor

Es hora de un titular mejor. Es hora de que las mujeres se pongan de pie y usen sus voces para expresar la verdad. Los vínculos entre la impureza sexual y los problemas de drogas, entre los trastornos alimentarios, el desprecio propio, las tendencias suicidas, el abuso del alcohol, los matrimonios rotos, los corazones quebrantados y los sueños destrozados se explican con lujo de detalles en las páginas de *Seventeen, Glamour, Allure* y *Cosmo*, pero yo he visto la influencia de las mentiras atractivas escritas en los rostros de las mujeres y las chicas. He mirado sus ojos y he visto el daño a sus corazones. He leído sus cartas largas y doloridas, y he sostenido sus manos temblorosas. He escuchado las historias de mujeres mayores cuyos ojos son un pozo de remordimiento y he abrazado los hombros delicados de chicas que lloran.

Si las revistas solo contaran *sus* historias y expresaran *sus* voces.

«No me siento lo bastante bella» podría ser el artículo principal. Podríamos decirles qué es la verdadera belleza. «¿Por qué me duele el corazón aunque mi maquillaje se vea perfecto?». El artículo puede decirles por qué.

Puedo ver los títulos de los artículos que yo publicaría: «¡Advertencia! ¡El sexo casual no debería tomarse a la ligera! Una guía de diez pasos para sanar tu corazón». «¡Cuidado! El sexo lleva al embarazo, al aborto, a la congoja y a las enfermedades». «Doce maneras en que el sexo fuera del matrimonio te puede lastimar». «Noticia de última hora: ¡Tú también puedes acercarte al Sanador!». «¡Vale la pena que tú y tu futuro esposo se esperen!». «¡Eres amada! ¡Bella! ¡Santa! ¡Santa! ¡Santa! ¡Recibe tu identidad dada por Dios, *ahora mismo*!».

6

ERES UN TEMPLO BELLO

SOMOS LA OBRA MAESTRA DE DIOS.

C.S. LEWIS, *EL PESO DE LA GLORIA*[6]

Asombroso

Siento la cabeza pesada. Me arden los ojos. Acuesto al bebé para una siesta, con la intención de subir a trabajar en la charla de mi próximo retiro de mujeres titulado «Dicha».

Dicha. Suprema felicidad. Satisfacción profunda. El gozo del cielo.

Sin embargo, la fatiga se lleva lo mejor de mí y percibo que el Señor me dice que solo ponga mi cabeza a descansar por unos instantes.

Me dirijo al sofá. Mi mejilla descansa en la almohada; cierro mis ojos. Siento un alivio absoluto. Cada músculo de mi cuerpo se hunde hacia un estado como de sueño.

De inmediato, me escoltan hacia un enorme prado, tan vasto, tan grandioso, tan fértil y tan glorioso que hace que mi corazón se inflame y palpite. Jesús camina hacia mí. Más grande que la vida, me levanta sobre sus hombros y me lleva por el prado. Es un sentimiento muy bello. Me siento muy apoyada, muy sostenida, muy amada, y me carga de manera que yo pueda ver la vista interminable. Hay montañas y bosques a la distancia; es una *dicha*.

Él me llama por mi nombre. «Jen», dice Él, «¿quieres ir al templo?». Puedo decir que Él está emocionado de que lo vea.

«¡Oh, sí, Señor! Sí», digo. Me emociono mucho cuando estoy en la casa de Dios.

Él me lleva allí sobre sus hombros.

Cuando llegamos, veo a mi alrededor la multitud de personas, masas de ellas, todas ante Él que está en el centro, con sus manos elevadas, cantando: «Santo».

Es algo sensacional, lo sé, pero no puedo dejar fuera esta parte. Él me mira directo a los ojos, me guiña un ojo y sonríe como si dijera: «¿No es asombroso?».

¡Es *asombroso*! Me uno a la alabanza de ellos y elevo mis manos. Nosotros, las personas, somos piedras preciosas que forman el piso del templo.

Y Él es todo lo que necesitamos.

Habla el Señor

Las revistas están hechas de palabras e imágenes impresas en papel, las cuales se consumen en el fuego. La única Palabra eterna en la tierra fue, es y siempre será la Palabra de Dios. Las revistas han tenido su tiempo de poder e influencia; yo lo he permitido. No obstante, así como la gloria del hombre, se desvanecerán y caerán.

Mientras tanto, mi Palabra permanece para siempre.

Soy muy específico cuando diseño un templo: las medidas, la altura, los adornos. Te diseñé de la misma manera, porque tu cuerpo es mi templo. La exactitud, el arte, la creatividad, todo eso es reflejo de mi amor por ti.

Entonces, ¿qué tal si entraras a mi templo, con todos sus adornos de oro, sus velas e incienso prendidos, la sinfonía de las arpas, los tambores, los bajos, los cuernos y el piano, y adentro me viste vendiendo mercancías a un precio demasiado alto, y estafo a la gente? ¿Qué tal si te hubieran atraído las esculturas complejas de los ángeles en la fachada de mármol, pero al darle una mirada de cerca, hubieras encontrado drogas intravenosas, incesto malvado, prostitución? ¿Qué tal si yo hubiera permitido el odio, la violencia sangrienta y que a los niños los azotaran dentro de mi casa?

¿Adónde irías entonces por paz y tranquilidad?

Así es con esta generación de mujeres. ¡No sabes que es un templo!

¡No sabes de mi lugar santo! No sabes cómo se desgarra mi corazón al ver a mis hijas venderse, o lo que es peor, entregarse gratuitamente.

Me hace llorar.

Te llamo para que vuelvas. Te llamo para que vuelvas, hija mía, mi templo, que se ha purificado de sus manchas de sangre y hecho puro como la nieve. Entra a mi cámara a través de la cortina rasgada. Ven conmigo y aprende lo mucho que vales, lo sagrada que eres. Ah, cuánto amo el templo.

La tierra santa

A pesar de lo que las revistas digan de ti, averiguamos quiénes somos y cuál es nuestro valor en el reflejo de lo que es Dios. ¿Qué pasa cuando nos alejamos de la multitud de voces que oímos del mundo y afinamos nuestros oídos con la Palabra? En las páginas de esta Palabra nos damos cuenta de que se nos ama. Se nos valora. Somos preciosas. Somos santas.

A medida que permitimos que entre la verdad de la Palabra, también podemos discernir las mentiras, las contradicciones y la confusión de las revistas. Puedo hojear una revista y distinguir la verdad de las mentiras, y le enseñaré a mi hija a hacer lo mismo. Juntas vemos que en una página, la revista nos anima a «sentirnos bien» en cuanto a nosotras mismas, y en la siguiente vemos una imagen que se retocó al punto de la perfección que no puede obtener ninguna mujer. De manera subliminal, esto nos deja molestas y creyendo que no somos suficientes así como somos. En un artículo está bien tener sexo sin un compromiso duradero; en otro es importante cuidar de tus «partes femeninas». Hay mensajes conflictivos.

Dios no es así de confuso. Él dice una cosa de nuestros cuerpos: son santos. «¿Acaso no saben que su cuerpo es templo del Espíritu Santo, quien está en ustedes y al que han recibido de parte de Dios? Ustedes no son sus propios dueños; fueron comprados por un precio. Por tanto, honren con su cuerpo a Dios» (1 Corintios 6:19-20). Y hay más: «¿No saben que ustedes son templo de Dios y que el

Espíritu de Dios habita en ustedes? Si alguno destruye el templo de Dios, él mismo será destruido por Dios; porque el templo de Dios es sagrado, y ustedes son ese templo» (1 Corintios 3:16-17).

Dios toma en serio a su templo. Dice que nosotros somos el templo, la casa para su Espíritu, y Él está más apasionado por su casa que por cualquier otra cosa.

Si le das un vistazo a los templos del Antiguo Testamento, verás que estaban bellamente adornados por fuera. Dentro, estaban decorados con oro y piedras preciosas. La gente literalmente tenía que quitarse los zapatos para entrar, porque entrar al templo significaba caminar en tierra santa.

Así es con nuestros cuerpos. Nuestros cuerpos no son cosas que se compran y venden, que se regalan según se desee. Nuestros cuerpos tampoco son objetos para que se analicen y critiquen. Nuestros cuerpos son carpas para que su Espíritu more y reine allí, si le permitimos ese lugar en nuestras vidas.

Durante nuestras vidas, tenemos la opción de elegir el pecado o a Él. Dios nos permite elegir. Muy a menudo elegimos el camino del yo y no el del cielo. Elegimos los excesos y no la salud. Elegimos las drogas y no un banquete. Elegimos la pornografía y no la unión sagrada. Elegimos el odio y no el amor. Elegimos el pecado y no lo que Dios quiere para nosotros.

Entonces, sentimos que esa oscuridad se infiltra y comienza a reinar.

Corremos al templo y clamamos: «¡Señor, Señor!».

Y Él nos dice: «Por favor, no me llames Señor. Permíteme *ser* tu Señor».

Todas sabemos lo que se siente no percibir a Dios con nosotros, ya no digamos dentro de nosotros. Nos hemos ocupado de usar la máscara, de hacer que lo externo sea tan bonito como sea posible, pero por dentro estamos llenas de huesos de hombres muertos.

El fuego

Fue justo después que nos mudáramos de California a Texas cuando di una conferencia en el almuerzo de Débora. El salón estaba lleno de mujeres cristianas de negocios cuando conté mi historia y hablé de las mentiras de las revistas. Mientras leía los títulos de las portadas y las lanzaba al suelo con un desprecio total, la ira surgió y retumbó en el micrófono, aunque no me di cuenta en ese momento.

Durante años había estado narrando mi historia a audiencias grandes y pequeñas, y parecía que sin importar cuán apropiado fuera el ambiente, derramaba una lágrima en uno u otro momento. Sin embargo, ese día no solo fueron una o dos lágrimas que pudiera limpiarme con facilidad; esta vez corrían por mi rostro.

Unos meses después, Débora me invitó a almorzar y me dijo que yo todavía hablaba como una víctima del mundo y no como una vencedora.

«Todavía estás enojada», dijo.

«¡*Estoy* enojada!», grité en el estand de la esquina. No obstante, ¿por qué? ¿Qué herida tenía todavía después de todos esos años?

Ella me dijo que abriera mi corazón cada día y que le pidiera al Señor que «revelara cualquier cosa impura dentro de mí».

Comencé a orar justo eso.

Entonces, Shane encontró las fotos.

Yo estaba fuera de la ciudad cuando ocurrió. Shane buscaba fotos de los niños cuando eran pequeños y registraba en las cajas de fotos que estaban en los estantes de mi oficina esperando hacer un *collage* de fotos para mí por el Día de las Madres. Se topó con una caja de fotos que desde hacía mucho tiempo tenía que haber destruido.

Allí vio fotos que se tomaron quince años atrás que le partieron el corazón en dos. «¿¡Ella ha estado guardando esto!? ¿Están en mi *hogar*? ¿Por qué se aferrará a ellas? ¿Qué más hay allí?», se cuestionó.

La caja de mis fotos de modelaje estaba justo en el suelo del clóset. Él se aventuró a verlas. Al fondo de la caja, encontró fotos de las que no me enorgullecía; fotos que no eran pornográficas, pero que me colocaban como un objeto y no como la futura esposa de alguien.

Los títulos de las fotos eran en otro idioma y en seguida él hizo una búsqueda en línea para traducirlos: «Espíritu maligno» era el titular que atravesaba esas fotos que se tomaron cuando yo tenía apenas dieciocho años. Detrás de las fotos había historias que me daba demasiada vergüenza contarlas.

Lo que más me dolía no era tanto lo que había en las fotos como la forma en que el fotógrafo me trató detrás de la cámara. Esas imágenes representaban la pérdida de mi niñez, la pérdida de mis valores, así como la forma en que la industria manipula a las jóvenes.

Lo que a veces nos lastima, a nuestros esposos los lastima aún más, y ese de seguro fue el caso ese día. Apesadumbrado y devastado, la pasión de Shane por su casa lo consumía. Aun así, cayó en el lugar apropiado, de rodillas, y le entregó su esposa a Dios de una manera más grande que nunca.

Yo llegué a casa y celebramos el Día de las Madres. No tenía idea del dolor y la traición que él sentía en su corazón, hasta la mañana siguiente, cuando envió a los niños a la casa de sus padres e hizo que me sentara para hablar.

El dolor en sus ojos era tan real como la alegría que yo había visto allí tantas veces. El dolor era más grande que el salón, se sentía como si llenara todo el mundo. Sin embargo, me explicó con tranquilidad que ese sería el día para vaciar el clóset.

«Quiero fuera de esta casa cada foto que no honre a Dios, a mí, a ti, ni a nuestros hijos», declaró con una fortaleza real. Al tomar el dominio de la propiedad que es legítimamente suya, habló con autoridad: «Cualquier cosa que te haya comprometido se quemará en el fuego. No se reciclará, no se tirará a la basura. Se convertirá en cenizas.

»Ahora mismo».

Sacar todas las fotos de los portafolios y examinar las pilas fue una experiencia agotadora, confusa y dolorosa. Con el paso de los años, cada vez que intentaba revisar las fotos, no podía terminar nunca de organizarlas. Dándome por vencida, cerraba la caja y la volvía a poner en el clóset.

A menudo, las fotos estaban bien por fuera, pero solo podía ver al hombre detrás de la cámara que intentó llevarme a la cama después de la sesión. Cuando era joven, posaba para la portada de una revista decente, pero a veces el cliente o el fotógrafo, que me duplicaba la edad o más que eso, se me proponía. El pensamiento de eso me asustaba y me daba asco, y en muchas ocasiones me encontré huyendo de esos hombres, sus espíritus depredadores siempre estaban atraídos a mí.

Cuando volví a casa después de renunciar a ese negocio, las imágenes en el clóset representaban mentiras para mí; quería quemarlas todas, pero no tenía la sabiduría ni el valor para escogerlas. Ahora, al verlas, mi corazón se inflamó de dolor y la ira me atascaba la garganta. ¡Era tan joven! ¡Tan ingenua! ¿Por qué me había aferrado a las imágenes de los hombres que me abandonaron? ¿Por qué cargaba todavía mi herida de casa en casa? Nunca tuve el valor de ver a cada persona involucrada directamente a los ojos y decirle: «Esto es lo que ocurrió, así es que me heriste y te perdono».

Es mucho más fácil poner la herida en el fondo de una caja y tratar de olvidar que existió alguna vez. Sin embargo, para perdonar, tienes que ver al ofensor y a la ofensa directo a los ojos. Las heridas, las mentiras y la amargura siempre salen a la superficie. En cambio, nosotros somos el templo y Dios no tendrá ninguna cosa impura en su casa.

Algo mágico ocurrió esa noche cuando Shane y yo estábamos solos en mi oficina, eligiendo entre los montones, Dios se movió a través de él para ayudarme a hacer lo que yo nunca podía hacer: dividir el bien del mal. No todas mis fotos representaban momentos dolorosos. Muchas no. Muchas eran grandes aventuras en lugares bellos. Muchas eran inocentes por completo. La mayoría se tomó con gente decente. Muchas de las fotos también representaban mi trayectoria de una chica joven en el mundo del modelaje y en el mundo en general. Era mi trayectoria, y no toda era mala.

Con cientos de fotos esparcidas en el suelo, por fin pude ser capaz de ver cada una y calcular su valor. ¿Fue una experiencia negativa? ¿Me humillaron? ¿O fue una buena experiencia? Organicé las imágenes en pilas para «guardar» y para «quemar».

Tarde en la noche estábamos parados en el patio de atrás debajo de un cielo estrellado. Shane tomó una gran lata y la llenamos con el montón de fotos. Con una bufanda morada en mi cabeza, me apoyé bajo el ala de mi esposo y el manto del cielo estrellado; mi espíritu sabía que el Señor había hecho salir lo malo de mi vida y yo tuve que enfrentarlo y eliminarlo.

Con una vara larga en su mano, Shane oraba mientras revolvía las imágenes que ardían, y atizaba los cientos de páginas mientras se desintegraban en cenizas. En las calientes llamas anaranjadas, veía los espíritus muertos crujir y gemir. Las mentiras ya no serían mis dueñas; a los hombres ya no se les permitiría robar mi identidad. Su abuso ya no viviría en mi hogar, o ni siquiera en mi corazón.

Esa noche, mi vergüenza se convirtió en una cubeta de cenizas.

El fuego cambió las cosas para nosotros. Para Shane, yo llegué a ser otra vez su novia radiante. Dijo que me vio a través de los ojos de Cristo: santa, sin mancha, pura como la nieve.

El fuego me purificó; me sentía nueva.

Belleza de las cenizas

Todos acarreamos heridas abiertas de casa en casa y de ciudad en ciudad. Todos despertamos un día y nos damos cuenta de que hemos creído una mentira o que se ha revelado un secreto que quisiéramos que hubiera permanecido enterrado. Todos sabemos que nos han perdonado, pero tenemos este deseo insaciable de asfixiar a los que nos lastiman.

Aun así, la falta de perdón no asfixia a nuestros ofensores; más bien nos estrangula a nosotros. Nuestros espíritus no pueden ser libres porque tengamos a otra persona en la cárcel. Mi ira en contra de la gente en mi vida no la tuvo cautiva en realidad; me cautivó a mí.

El fuego fue el inicio del *verdadero* perdón que tenía que llevarse a cabo. No solo podía decir de los hombres: «Los perdono» y extender mi mano al cielo y olvidar. Tuve que ver cada herida a la cara y decir: «Lo perdono por _____». Tuve que llevar a cada uno a la cruz. Y mientras tanto, tuve que enfrentar mi propio pecado y las decisiones que tomé. Tuve que enfrentar la insensatez y la fealdad de mi propio corazón, y asumir la responsabilidad de mis acciones.

Comencé con el fuego, pero fue un camino largo hacia el perdón. Dios estaba limpiando mi templo, dándole vuelta a cada piedra sucia en el piso de mi corazón y lavándome desde dentro. Esta ola limpiadora siguió por tres largos años. A veces se sentía como si nunca fuera a salir a respirar.

Fue horrible y celestial al mismo tiempo, pero valió mucho la pena la escalada. Y desde esa época, tuvimos a Samuel.

El bebé Sam camina tambaleándose hacia mí, sosteniendo con su manita regordeta la manguera por la que fluía agua. Su rostro de querubín refleja la luz del sol, gotas de agua en sus mejillas. Se salpica a sí mismo, y jadea por el agua fría. Sonriendo, entrecierra los ojos por el cielo brillante, luego se voltea y camina en el césped; siento que la belleza me pasa rozando.

Mientras lo baño en el fregadero, con mis manos enjabono su piel resbalosa. Siento su fragilidad, su suavidad, su corazón dulce.

Como lo hice con mis primeros dos hijos, recuerdo cuando lo vi por primera vez al salir de mi vientre. El amor era tan grande que envolvía todo el salón. Sé lo rápido que esto pasa. Ya no puedo levantar a nuestro hijo mayor. Es demasiado grande. Por lo que me quedo un momento en la mecedora y envuelvo a Samuel en su colcha azul; lo aprieto una vez más antes de ponerlo en la cuna.

Tal vez un ateo podría ver a Samuel directo a los ojos y decir que él no es la casa de Dios; solo es un montón de átomos y moléculas o tejido, pero no puedo hacerlo. No lo haré.

Los niños también son un templo.

Lo veo arrastrar los pies detrás de Shane mientras él poda el césped, pateando las hojas, y yo veo el cielo brillante y le digo a mi Señor: «Tú siempre sacas belleza de las cenizas».

Habla María

A Jesús le encanta el templo.

Cuando era bebé, José y yo lo llevamos al templo de Jerusalén para dedicarlo, como era nuestra costumbre.

Luego, cuando tenía doce años, en el camino de regreso de la fiesta de la Pascua, se nos perdió. ¡Lo perdimos por tres días! Como madre, ¡espero que esto te consuele! Yo era la madre del Salvador del mundo y no pude encontrarlo por tres largos días.

¿Dónde estaba? Lo encontramos en el templo, por supuesto: sentado allí, escuchando a los maestros, haciendo preguntas, muy tranquilo.

Jesús decía que el templo era la casa de su Padre. Era el lugar al que Él sentía que más pertenecía. En la casa de su Padre, los profetas hablaron de la espada que penetraría mi alma. En la casa de su Padre, la gente se asombraba por su entendimiento.

Cuando me enteré que Él se paró en el templo para leer del rollo de Isaías, revelando su propósito, supe que la ola de su identidad chocaría en la costa, limpiando a algunos y ahogando a otros.

Jesús iba todos los días a la casa de su Padre.

Un día hizo un látigo de cuerdas, y sacó el ganado y volteó las mesas.

«El celo de tu casa me consume», gritó con una pasión tan fuerte que todos pudieron saborearla en el aire.

¿Cómo se sintió saber que Él se sentía más cómodo en la casa de su Padre que en la mía? ¿Cómo fue saber que Él era mi hijo, pero Hijo de Dios, Salvador, Señor, Mesías? Yo guardaba en mi corazón su identidad como un tesoro, hermana. Acepté lo que sabía como cuando

uno aprieta una almohada en su pecho; mantuve mi verdad de cerca.

Él enseñaba a la gente en el templo y luego lo golpearon en el templo, en la casa de su Padre. Cuando le pusieron una corona de espinas y se burlaron de Él, mi alma apenas podía soportar el dolor. Cada lágrima de su carne destrozaba mi corazón. Cada golpe me daba en el pecho. Cada latigazo dejaba una cicatriz en mi alma.

Cuando hablaba de que su cuerpo sería partido, no tenía idea de que lo decía en serio, que Él era el templo. Cuando dio su último respiro en la cruz, la cortina del templo se rasgó de abajo arriba. Mi corazón se rasgó con ella. Estaba tan cansada entonces que la vida se vaciaba de mi cuerpo.

Sin embargo, cuando resucitó, lo supe: Yo era la casa del Padre ahora, y su Espíritu vivía en mí. Lo llevaba conmigo no como un peso, sino como una vasija. El celo por la casa del Padre también me consumía.

La vida no se trataba solo de adorar a Dios y de cuidar a mi familia, la vida llegó a tratarse de edificar la casa de Dios con mi Hijo.

Ahora, aquí estoy, en el templo con Él, y Él todavía está en el centro.

Yo sabía que el Señor era santo, y sabía que mi cuerpo era un templo a través del cual Él podía hacer brillar una luz. Aun así, Él no entró en mí a la fuerza; yo accedí.

Cuando un hijo llega en un tiempo inconveniente, cuando hay vergüenza o humillación por ese hijo, cuando tienes miedo y te sientes incomprendida, cuando estás sola y no tienes fe, o cuando dudas por un minuto que una chica imperfecta pudiera ser una vasija santa, piensa en mí. La gente piensa que yo era la santa... no, no era así. Solo veía lo que era en el reflejo de lo que era Él.

Yo le abrí mi corazón a su Espíritu. Él me llenó como un templo y yo engendré esperanza.

¡Y tú también puedes hacerlo, hermana mía! ¡Tú también!

La casa de mi Padre

Muchas de nosotras quizá pensemos: «Pues bien, yo no soy María. No soy santa, soy cualquier cosa menos eso. He pasado mis días y noches contaminando mi templo de pies a cabeza, y no hay esperanza para mí. No puedo acercarme a Él. Estoy demasiado sucia, tuve un aborto, fui víctima de abuso sexual, me desnudaba en público, viví en adulterio, me he torturado, he profanado el templo. *No soy santa*».

Aquí es donde entra la buena noticia y nos impacta, y saca de nuestros templos las cosas impuras, su luz persigue la oscuridad, a medida que entra la verdad. Él dice: «Tu cuerpo es un templo», punto. Dice: «Tú eres el templo», punto. Dice: «Tú eres santa».

Cuando por primera vez le pedimos a Cristo que entrara a nuestra vida, es como si Él naciera en nuestros «templos». En ese momento, Él está justo a la puerta. Luego, a medida que nos interesamos en Cristo, Él comienza a crecer en nosotros. Comienza a hacer preguntas, a escuchar nuestras respuestas, a tomar la temperatura, como lo hizo en el templo cuando tenía doce años. *¿Qué piensas de esto?*, podría preguntar. *¿Cómo te sientes en cuanto a eso? ¿Qué crees que Dios piensa en cuanto a eso?* Si escuchamos bien, podemos quedar asombradas con sus respuestas.

Entonces, un día Jesús se pone de pie en nosotros, así como se puso de pie por primera vez en el templo. *Vengo a darte buenas noticias*, dice. *¿Por qué estás todavía tras las rejas cuando yo vine a liberarte? ¿Por qué usas todavía ese traje de desesperación cuando yo vine a vestirte con una prenda de alabanza? ¿Por qué todavía te revuelcas en tus cenizas cuando yo vine a otorgarte una corona de belleza?*

Jesús podría determinar que necesitamos una buena limpieza del templo. Solo podría entrar a nuestros templos con un látigo de cuerdas y comenzar a sacar el pecado. Podría voltear las mesas, poner el centro de atención en algo sucio en nosotros y decir: *Ya no puedes vivir de esta forma. ¡Eres la casa de mi Padre y el celo por ti me consume! Te amo demasiado como para dejar que vivas con ira, inmoralidad, amargura, egoísmo y mentiras. Incluso, si va a doler, yo voy a sacar este pecado de ti y no me rendiré hasta que tú, mi casa, estés limpia. Porque no quiero que me llames Señor; quiero ser tu Señor. Quiero reinar en el templo de ti.*

La puerta del Templo llamada Hermosa

«Son muy bellas», pensé para mis adentros mientras colocaba mi cabeza cansada en el regazo de mi esposo y miraba la pantalla de la televisión. En silencio, me acariciaba el pelo muy encrespado. En ese entonces no tenía idea de la batalla que se llevaba a cabo en esta frágil cabeza mía.

Eran los premios Óscar, y la gente bonita había salido a recibir sus aplausos. Los ruedos de sus vestidos largos y sueltos pasaban con un zumbido mientras se paseaban por la alfombra roja con sus figuras deslumbrantes tan sensuales, pero tan delgadas. Giraban y sonreían por encima de sus hombros en poses interminables para la cámara, y permanecían para que pudiéramos admirar la línea de sus vestidos. Las telas exquisitas abrazaban sus curvas como si acabaran de salir de un sueño.

¿Fue eso bello para ti, Dios?, ansiaba saber.

Entonces, un día me topé con la historia en Hechos 3:1-10 acerca de Pedro que sana a un mendigo lisiado. En la historia, Pedro y Juan van de camino a una reunión de oración, cuando ven a un hombre que mendiga delante del templo. El hombre, lisiado de nacimiento, tiene cuarenta años, y cada día la gente lo carga hasta la puerta del templo llamada Hermosa para que pudiera mendigar. Cuando ve a Pedro y a Juan, saca su taza y espera obtener algo de ellos. Pedro y Juan dejan de ver la taza y lo miran directo a él. Le dicen que los mire; quieren que sea cara a cara.

De la misma manera, la gente que conocí en Alemania en el parque no estaba demasiado ocupada como para ver a una chica desolada. Para ser sincera, se veían algo raros, no los verías en ninguna alfombra roja. En cambio, se detuvieron por mí y no solo lanzaron una moneda en mi taza vacía. Me dieron agua que la llenara para siempre.

Pedro le dice al mendigo: «Yo no tengo plata ni oro para ti, pero te daré lo que tengo. En el nombre de Jesucristo de Nazaret, ¡levántate y camina!» (NTV). Entonces, Pedro le extiende su mano y ayuda al mendigo a ponerse de pie.

Me encanta eso, y creo que a Dios también. No solo se detienen, lo miran y le ofrecen sanidad, sino que lo tocan. Extienden sus manos y lo ayudan a levantarse. Después de toda una vida de parálisis, los pies y los tobillos del hombre se ponen fuertes y salta para ponerse de pie, alabando a Dios. Sujetándose de Pedro y Juan, entra al atrio del templo, proclamando el milagro. Todos reconocen al mendigo y el asunto entero ocasiona una oposición.

Yo una vez fui la mendiga en la puerta del templo. Ahora, salto alrededor de los atrios del templo, proclamando un milagro, causando una oposición.

No fue mi bondad ni mis méritos lo que me sanó. Fue Jesús, y se requirió que alguien me mirara a los ojos y me ofreciera el poder que fortaleció mis tobillos y me hizo erguirme otra vez.

Jesús es la puerta. Tú eres el templo. Su Espíritu dentro de ti es bello. No te apresures tanto que no puedas ver al mendigo que está a tus pies. Detente por él, míralo directo a los ojos y dale lo que tienes. Extiende tu mano y ayúdalo a levantarse.

Sé quien debes ser: una puerta del templo llamada Hermosa.

Refinada con fuego

Cuando se siente como si Dios estuviera volteando todas tus mesas y rediseñando el interior del templo que eres tú, mantén la puerta abierta. Permite que entre el bien, mantén fuera el mal. Construye puertas fuertes, pero no tan fuertes que Jesús no pueda entrar y salir con libertad y mantener su templo limpio. Él anhela tener acceso a la cámara interna de tu corazón, donde toda la transformación ocurre por el Espíritu Santo. Permítele entrar a la habitación interna; para comenzar, la construyó para sí mismo.

Si revela cualquier cosa impura en ti, acuerda con Él sacarla. En realidad, quiere hacernos más semejantes a Él, y a veces eso requiere de refinamiento como el oro en el fuego. Mientras más nos purifiquen, más brillamos. Al igual que el oro, puro como un vidrio, que Salomón colocó en el piso del templo, nosotras también somos valiosísimas. Esa es la verdad hermosa: eres muy valiosa para Dios. Permite que Él sea el Señor del templo que eres tú. Permite que reine Él.

Él sabe cómo embellecer un templo. Es experto en eso y le gusta hacerlo de adentro hacia fuera.

7

ERES LA MÁSCARA QUE USAS

Me encantaban las máscaras; ahora prefiero
que estén destrozadas.

La farsa

Cuando era niña, me encantaban las máscaras. Tenía una gran colección de máscaras de porcelana en la pared de mi habitación. Me encantaban sus apariencias brillantes, sus ojos misteriosos, sus rostros perfectos. Mis amigos pensaban que las máscaras eran aterradoras con sus ojos vacíos y mirada fija, pero a mí me gustaban, en especial la de porcelana de Marilyn Monroe.

¿Qué tenía Marilyn Monroe que atraía a la gente? ¿Era su figura sensual, su sonrisa cautivadora, su encanto magnético? ¿O era nuestro deseo por todos sus elementos que se combinaban con su misterio? Debajo de su caparazón, era un ser humano que sufría, anhelaba amor, quizá estuviera perdida. Cuando se destrozó su máscara, ella cayó también, y su luz se extinguió antes de que el mundo quisiera que se extinguiera. Aparte de la triste verdad detrás de su sonrisa fantástica, la belleza icónica de Marilyn se puso en un pedestal como la imagen ideal de la mujer de su época.

Cuando yo era niña, también me fascinaba Michael Jackson. Leía cada biografía disponible suya y pegué sus carteles en las paredes de mi habitación. Mantenía álbumes de todos los artículos de revista que se escribían de él. Michael era el rey autoproclamado de la música pop, el mejor de los mejores, pero otra vez, solo, vulnerable, temeroso y, quizá, perdido. Me interesaba tanto su soledad infantil que le escribía cartas y le decía cómo podía ser su amiga, alguien con quien podría caminar bajo las estrellas y ser un oído atento. En realidad, yo era idealista. Como no me respondió, decidí ver su vida a la distancia.

El problema de la historia de Michael, entonces y ahora, es que a pesar de su fama, su alma sufría. Su tormento interno se manifestaba en público por sus fallidos esfuerzos de lograr lo que pensaba que era el rostro perfecto. Mientras más permitía que los cirujanos le esculpieran otra vez su fachada, menos atractivo se veía. Su trayectoria tuvo un destino lamentable: se deformó.

Michael obvió la verdad que demasiadas mujeres y niñas pasan por alto: Son la manifestación de la belleza en primer lugar. Hechas a la imagen perfecta de nuestro Creador, somos reflejos de la misma belleza, tanto en nuestra apariencia externa como en los dones internos. Cuando Michael murió, me entristeció saber que él no se veía con los ojos de su Creador: fue un prisionero detrás de la máscara.

Las máscaras tienen una forma de caer fuera de lugar, y cuando nos asomamos detrás de ellas, el mundo interno no siempre encaja con la fachada. Detrás de su máscara, el alma de Michael se retorcía de dolor y sufrimiento cuando todo lo que quería era que le elevaran como estrella.

Cuando éramos niñas, mi mejor amiga y yo tuvimos que haber cantado juntas las canciones de Whitney Houston mil veces. Nos encantaba su voz angelical, su belleza, talento, glamur, encanto, fe y gracia... ¿pero qué había debajo de la máscara dura que usaba Whitney? ¿Abuso, adicción, dolor?

Cuando murió, reflexioné aún más en la ilusión del glamur. Bonita por fuera no quiere decir bonita por dentro. Debido a que sabía esto por mi tiempo en el mundo del modelaje, mi corazón empatizaba con Whitney. Quería verla libre, así como lo querían sus otros seguidores. Su historia es un recordatorio más: Lo que vemos a menudo en las fotos no se parece a la realidad. La riqueza no da alegría y la fama no da satisfacción.

La historia de la princesa Diana también revela nuestra preferencia de la imagen y no de la realidad. El mundo adoró la fachada del romance en su boda y matrimonio. Sin embargo, Diana llegó a estar sola, a ser bulímica y a estar terriblemente insatisfecha con la farsa. Amante de la tragedia, el mundo sacaba provecho de su drama y los *paparazzi* la perseguían. Murió cuando en un túnel la perseguía un depredador que deseaba tanto una foto de su dolor que colisionó con su automóvil y la mató.

Aunque el mundo reverenciaba su belleza externa, creo que la verdadera luz de Diana era su preferencia por cuidar a la gente devastada por el sida. No obstante, su verdadera luz se extinguió debido a la obsesión del mundo por quitarle su máscara de porcelana a fin de revelar lo sola que se sentía.

A decir verdad, ¿qué es lo que deseamos en realidad? ¿Fotografiar a Marilyn una última vez, que Michael baile para nosotros otra vez, que Whitney cante otro solo, que Diana se ponga la corona y agite su mano? ¿O queremos conocer a la gente como es en realidad, interesarnos más por sus corazones que por su fama? Si nos permitieran dar un vistazo dentro de sí, desenmascarar una enfermedad interna del alma, ¿trataremos sus heridas con cuidado y compasión? Como seres humanos semejantes, ¿ofreceremos oración y espacio para sanar? ¿O estamos de veras tan enfermos como los *paparazzi* buscando «desenmascarar» a las estrellas como si su sufrimiento fuera entretenimiento de horario de máxima audiencia?

Una de las mentiras más trágicas de nuestro mundo es la de *eres la máscara que usas*. Si no ubicamos nuestra identidad en los hombres, en los espejos o en las revistas, nos enfocamos en la imagen que proyectamos, despreocupadas y tranquilas, para asegurarnos de que se ajusta a nuestra verdad interior. El mundo está famosamente cautivado por las máscaras, aplaudiendo y hasta adorando a las personas bellas del mundo, sin tener en cuenta que quizá sus mundos interiores estén en condiciones lamentables.

Esta nueva generación de estrellas no es la excepción. Casi todas las estrellas jóvenes y acaudaladas caen. Se rebelan a la presión de ser perfectas. Patean y gritan al beber, drogarse o pasarse en los límites de la sexualidad. No persisten como las princesas de Disney;

juegan a ser el rebelde o la prostituta, al menos por algún tiempo. El comportamiento y las decisiones en nuestro mundo no definen la belleza; la imagen sí la define. Por lo que el mundo sigue analizando sus vestidos largos, zapatos, bolsos y novios, independientemente de que sus vidas deban emularse.

La verdad es que las estrellas solo quieren lo que queremos nosotras: amor, aceptación, valía, propósito y una identidad que dure. Sin embargo, los medios de comunicación solo quieren una foto bonita para su revista, una chica afligida con una historia ficticia o, lo que es peor, una foto de una estrella caída que se arrastra hacia el tribunal por una ofensa más. Los medios quieren una imagen; la chica quiere felicidad y libertad. Es una dura batalla la que se pelea, y casi siempre la perdedora es la chica.

Mientras tanto, la adolescente promedio puede ver las imágenes de las estrellas, sintiéndose menos bella. Podría pensar que sus imágenes se ven perfectas. Luego puede correr al espejo y analizar su propia imagen: defectuosa. La decepción puede reinar en ella. O de manera inconsciente puede tomar decisiones y actitudes que no la definen; la vida se trata de cómo se ve. Por lo que podría obtener este traje, o aquel maquillaje, o hacer este ejercicio con la esperanza de llegar a la altura, que no satisface.

La Biblia enseña que cuando adoramos las imágenes del hombre y no a nuestro Creador, nuestro corazón se llena de oscuridad (Romanos 1:21-22). Las farsas no solo atrapan a quien usa la máscara; la que fija la mirada en la máscara la absorbe sus mentiras.

¿Por qué tantas chicas se hacen cortaduras? ¿Por qué tantas estimulan sus cuerpos? Las imágenes de los medios de comunicación han volteado sus miradas de su Creador hacia lo que se ve. Los dioses exaltados de las estrellas se sostienen en sus cabezas como luces en el cielo. Debemos estimar su luz, aunque haya un caos putrefacto debajo del exterior brillante.

En lo profundo, cada chica quiere brillar. Cada chica quiere ser libre y bella ante sus imperfecciones. Y cada chica quiere que alguien vea más allá de su caparazón exterior, que se asome a su corazón y que acepte su verdad, cualquiera que sea.

Desenmascarada

El primer evento de chicas del instituto en el que hablé se llamaba «Desenmascarada». Me pidieron que hablara en esta actividad durante mi época de «desenmascaramiento», cuando batallaba con el acné cístico y ayunaba del espejo.

Cuando llegué al evento, las chicas usaban blusas iguales de color azul brillante. Entraron al edificio abrazando sus almohadas y acarreando sus bolsas de dormir, con enormes sonrisas de expectación en sus rostros. ¡Una exmodelo les iba a hablar! O tal vez solo estaban emocionadas por salir de la casa a una gran fiesta de pijamas, que es la mejor parte. Si me conocieras, ¡sabrías que *me encantan* las fiestas de pijamas!

El viernes en la noche, detrás del podio, seguí un bosquejo muy detallado de mi propia historia. No era una conferenciante capaz, pero presenté mi corazón en una bandeja y les di a las chicas todo lo que tenía. Esa noche regresaron a los hogares anfitriones y derramaron sus historias unas con otras. Contarles solo mi verdad las inspiró a contar las suyas también.

A la mañana siguiente, sucedió algo sobrenatural. Mientras hablaba de mis batallas con la imagen y el valor, sus batallas salieron a la superficie: trastornos alimentarios, el dolor de los divorcios de sus padres, la obsesión de sus madres con la apariencia, el rechazo en la escuela. Podría continuar. A veces reían; otras veces lloraban con lágrimas ardientes y llegaban al altar apoyándose unas a otras donde tuvieron la oportunidad de cambiar las mentiras que creían por la verdad.

Yo me enamoré de las chicas, las rubias pequeñas, las atletas rudas, las bellezas con sobrepeso. Me encantaron las inadaptadas, las animadoras, las eruditas, las soñadoras. Aun así, mi corazón se envolvió en especial con las solitarias y quebrantadas que no se sentían amadas, preciosas ni bellas, las que habían creído que eran menos y que necesitaban que alguien creyera que las crearon para más.

Desenmascarar nuestro dolor es el inicio de la sanidad. Luego hay un punto en el que dejamos de ver nuestro pasado, y de vernos a nosotras mismas, y decidimos mirar hacia fuera. Decidir ayudar a otros desde el centro de nuestro propio dolor completa nuestra propia sanidad y lleva nuestra experiencia a un proceso total. No hay nada más satisfactorio que tomar nuestro pasado y convertirlo en un futuro mejor por la chica que viene detrás de nosotros en el camino.

En la actualidad, tengo la bendición de tener la oportunidad de hablar en escuelas. Antes de llegar, trato de hablar con la consejera. Si alguien sabe lo que pasa detrás de las máscaras de las chicas del instituto, ella es ese alguien. A veces, mi corazón se duele cuando cuelgo el teléfono con la consejera. Me entero de cosas que me rompen el corazón. Las chicas no almuerzan para estar más delgadas. Las chicas se ponen raras con la comida. Las chicas se visten de manera promiscua, pero es difícil hacer mucho en cuanto a eso, porque ellas siguen el ejemplo de sus madres. Las chicas están compartiendo sus cuerpos con chicos, las chicas publican imágenes sexis de sí mismas, las chicas se asedian unas a otras y se acosan cibernéticamente. Las chicas a veces son celosas en exceso y hasta están llenas de odio. Las maltratan en casa. Sus padres las critican por su peso o por las calificaciones. Las chicas tratan de ser la atleta perfecta para agradar a mamá y a papá. Las chicas se resquebrajan por la presión del desempeño. Las chicas, incluso las de los primeros años de secundaria, se cortan y forman pactos de suicidio, o tratan de recuperarse del dolor de una amiga que se ahorcó en su habitación.

¿Y tú me llamaste?, eso creo. ¿Quién soy? No soy nada más que una chica que un día levantó su mano y dijo: «Aquí estoy. ¡Envíame a mí!» (Isaías 6:8).

Incluso con todos esos problemas, las chicas son maravillosas. Muchas toman decisiones excelentes; muchas van a lugares grandiosos. Muchas son arduas trabajadoras y tienen un destino en mente. Algunas hasta entienden que la perfección no es la meta, y se dan cuenta de que el éxito está dentro de un trabajo. Muchas chicas quieren marcar una gran diferencia en el mundo, y lo harán.

Al igual que las mujeres, la mayoría de chicas aman sinceramente y les atrae la autenticidad. Les encanta reír. Algunas son ruidosas y locas; otras introvertidas. La gran mayoría se siente bien en cuanto a estar juntas y apoyarse unas a otras, aunque solo sea en su círculo. Son dedicadas a sus mejores amigas y están al lado unas de las otras. Muchas se ayudan a decir la verdad y a buscar ayuda cuando la necesitan; creen las unas de las otras, y dicen palabras edificantes, inspirándose entre sí a creer lo mejor de sí mismas. Muchas son muy talentosas y buenas administradoras de sus dones. Están llenas de fe y esperanza, y de verdadera belleza.

Esta generación de chicas es fantástica, y como voz en sus vidas, estoy increíblemente orgullosa de las mujeres que llegarán a ser. Estas chicas tienen toda la oportunidad del mundo de ser geniales, pero sé que el mundo tratará de robarles su inocencia, de corromper su sexualidad, de cargar sus corazones y de robarse su destino.

¿Qué puedo hacer en cuanto a los pactos de suicidio, los cortes y el abuso? ¿Qué puedo hacer por las chicas que detestan su cuerpo, odian a sus padres y se odian a sí mismas?

Todo lo que puedo hacer es acudir a Dios y pedir ayuda. Luego, me paro en el escenario y derramo mi corazón como lo hice la primera vez. Las sedientas beberán, eso espero.

A veces hasta sacudo un poco a las chicas sacando una de las máscaras de mi niñez y destrozándola con un gran martillo en el escenario. Los pedazos de porcelana se rajan, se quiebran y se esparcen. El golpe del martillo y las piezas rotas las estremecen.

Cuando se tranquilizan, una ola de alivio invade sus rostros. Aprenden que las máscaras esconden su verdadera belleza en lugar de revelarla, algo que el mundo quizá todavía no haya mencionado. Yo me esfuerzo al máximo para desenmascararles las mentiras que han creído y les digo la verdad: Las crearon para más que trastornos alimentarios, cortaduras y pactos de suicidio. Valen más que los celos, el acoso y los mensajes de texto sexualmente explícitos. Poseen belleza, valor y propósito. De ellas depende elegir: Vivir como si fueras menos o vivir como si fueras más.

Después las chicas se amontonan al frente. Sus historias se desprenden y salen a la superficie. Como un río cuya presa se rompe, después del programa están ya sea demasiado quebrantadas como para hablar o tan quebrantadas que sus verdades se derraman. Les resulta un gran alivio, y nosotras nos vamos *sabiendo* que hicimos algún impacto en el mundo.

Otras veces tienen que correr a clases antes de que suene el timbre para las impuntuales. Quiero saber que me escucharon. Quiero evitar que cometan los mismos errores. Quiero salvar a cada una de ellas.

Sin embargo, no puedo hacerlo. Es hora de irme y, de todas formas, salvarlas no depende de mí. Nunca fue así.

La verdad bella

A veces las chicas se esconden bajo máscaras duras por temor a que las vuelvan a lastimar. A veces sus padres las obligan a usar máscaras, y debajo ellas están agobiadas porque se les enseña a vivir una mentira. Otras veces la máscara es una forma de que la chica se vea bonita por fuera cuando no sabe quién es por dentro. Lo que es más profundo, las máscaras esconden nuestros secretos y los mantienen ocultos para que nuestra fealdad no salga a la superficie.

Detrás de la máscara hay oscuridad, y es difícil ver.

Las mujeres sabemos esto, porque también usamos máscaras. Escondemos nuestras verdades en busca de aceptación. Evitamos «ser genuinas» por temor a la fealdad que pueda salir. Queremos vernos bien y tenemos que protegernos de más dolor.

En cambio, si sabemos algo de las máscaras, sabemos que quitárnoslas y guardarlas es el inicio de nuestra verdad, y la verdad nos hace libres.

He visto el poder de lo que ocurre cuando las mujeres se vuelven genuinas y se alivian. Cuando eso ocurre, pueden ser modelos de una vida mejor para la próxima generación.

Uno de mis eventos favoritos con chicas fue en Cabo Cod. Empaqué mi mejor ropa al estilo de «Caroline Kennedy», dando por sentado de manera tonta que las asistentes serían semejantes a los Kennedy. Entonces, cuando llegué, el pequeño hotel al lado de la bahía estaba lleno de chicas del «otro lado de la ciudad». La audiencia estaba compuesta de niñas afroamericanas e hispanas. Muchas tenían sudaderas flojas, pantalones vaqueros, zapatos tenis, atuendos sexis al estilo de pandillas y muchas tenían sobrepeso.

Parecía que sería una audiencia difícil para una dama delgada y rubia como yo, vestida con una blusa de rayas blancas y negras, un suéter abotonado rosado y una falda larga con botas, vestida apropiadamente para una fiesta de jardín.

No obstante, esta es mi clase favorita de audiencia en todo el mundo, porque superficialmente pensarías que ellas no se relacionarían conmigo jamás. Inicié el evento con mi «lección médica» usual, en cuanto a lo casi idénticas que somos en lo biológico, y mucho más semejantes que distintas.

Durante el evento, teníamos espejos arriba, enfrente del escenario, para que las chicas escribieran sus «mentiras». A lo largo del fin de semana, las mentiras se amontonaron con una tinta multicolor, escritas sin orden en todos los espejos.

Cuando se fueron del salón, Caris, mi compañera de viaje y querida amiga, y yo leímos las congojas que escribieron. *Nunca seré bella. Soy fea. Nadie me quiere, ni siquiera mi padre. Soy gorda y repugnante. Nunca sanaré de mi violación. Todos me odian. No inspiro amor, ni siquiera a Dios. No valgo nada.*

Como dije, me encantan las fiestas de pijama, y este evento era de dos noches. Las chicas tuvieron una gran oportunidad de pensar en sus mentiras y sustituirlas con verdades: *Son* amadas, *son* bellas, *son* valiosas.

Al final del evento, me puse mi corona y unos lentes protectores, tomé un martillo y comencé a destrozar las mentiras en los espejos. Tenías que haber oído a esas chicas gritar y hacer un estruendo de alegría mientras yo estaba allí parada con mi elegante traje, sonriendo como una señora loca con mis lentes y mi corona, destrozando sus mentiras, bailando sobre los espejos rotos, con mis botas negras altas.

Con alegría, atestaron el escenario. No pudieron esperar tomar un martillo y destrozar su propia mentira. Mientras sonaba la música, bailaban sobre los espejos, reduciendo a polvo con sus tacones los pedazos. Ovacionando, riéndose y cantando, se pararon sobre el vidrio hasta que se destruyeron las palabras «no valgo nada» y «gorda» y no se podían leer.

Fue a la Verdad a lo que corrieron, a la Verdad Bella. Como un faro que circula en la bahía, la Verdad las llevó a viajar por el agua lodosa y tórrida de sus corazones, y a trepar hacia la costa firme de Cristo. Vieron cómo se veían a sus ojos: adoradas, perdonadas, apreciadas, hechas para más.

El vidrio multicolor destrozado adornaba el altar. Se veía como el sendero de los redimidos, el piso del cielo, piedras preciosas que reflejan la luz del arcoíris.

Cada princesa de Disney tuvo un enemigo malvado que iba tras su corazón. Estaba establecido que heredaría el trono; poseía la corona legítimamente como una herencia del rey. Sin embargo, alguien siempre quería robársela, ya sea Maléfica, la Señora de toda la maldad, que diseña un plan para herir y silenciar a la Bella Durmiente; las hermanastras malvadas que encierran a Cenicienta en su habitación; la madre celosa que encarcela a Rapunzel; o la malvada Bruja del Mar que está decidida a robarle a Ariel su exquisita voz. Siempre hay un enemigo que acecha para destruir a la princesa y devorar su luz.

El malvado siempre es oscuro y sus ojos están llenos de furia. Quiere mantener a la chica atrapada en la oscuridad donde está él. Quiere silenciarla para que no pueda bendecir al mundo con su belleza. Quiere cubrirla con una máscara y robarle su voz, diciéndole que no es bella; no es digna; no es amada; y, de seguro, no es poderosa.

Estoy muy familiarizada con este enemigo y sus mentiras. En una ocasión me silenció, durmiendo con una depresión de la que difícilmente podía despertar. En otra ocasión, detesté mi reflejo en el espejo y no me sentía nada más que fea y desechada. Pensé en el suicidio. Me lastimé a mí misma. Permití que otros me maltrataran y hablaran por mí. Había cadenas pesadas alrededor de mi alma, pero mi máscara perfecta estaba en su lugar.

Y entonces un Rey me levantó de mi sopor y me dijo que me crearon para más. Él me desencadenó, desató mis mentiras y liberó la verdad para que se derramara en mi corazón como la luz del sol.

Cuando dejé la industria del modelaje, corrí lejos y rápido. Aunque ofrecía viajes, dinero y prestigio, yo había llegado a detestar la máscara. Había visto a demasiadas chicas que sufrían detrás de las máscaras inmaculadas; demasiadas almas perdidas y errantes atrapadas detrás de las demandas de la perfección; y yo también había llegado a ser una prisionera del cascarón. Si sufría, no se permitía demostrarlo; solo tenía que animarme y ser bonita. Si me sentía degradada, desatendida o disgustada, tenía que sonreír y ser agradable. Tenía que tapar todas mis emociones al punto de que me enfermé. Todo acerca de eso iba en contra de la misma esencia de mi alma.

Con el paso de los años me he dado cuenta de que las mujeres y las niñas por igual detestan las máscaras. Las rechazan, pero a menudo están atrapadas detrás de ellas. Nos da miedo decir la verdad y hablar de lo que duele; tememos el rechazo, la culpa y la vergüenza. Aun así, debemos superar nuestros temores y buscar la ayuda que necesitamos. Los suicidios de adolescentes, el rompimiento de los matrimonios que «se veían tan perfectos» y la disolución de familias puede ser un resultado catastrófico si escogemos la máscara y no lo real. En realidad, no podemos aceptar las imágenes de los medios de comunicación de la belleza perfecta, que hacen que el drama se vea glamuroso, que la rebeldía parezca atractiva y que los encubrimientos sean la norma.

Las mujeres y las chicas que no hablan sin rodeos de su dolor, difícilmente sanan. Para mí, en lo personal, se requirieron varios años para decir la verdad de mi experiencia. Entonces, cuando lo hice, comenzó el viaje hacia la sanidad. De igual manera, la mujer con flujo de sangre había sangrado por doce largos años antes de decirle a Jesús «toda la verdad» y, a cambio, Él la liberó de su cárcel.

Jesús siempre estuvo más interesado en la gente que se quitaba la máscara que en la gente que se hacía ver bien. Él llamó tumbas vacías portadoras de máscaras a los que se veían bellos por fuera, pero que por dentro estaban llenos del hedor de la muerte.

Cuando no hablamos de nuestro dolor, llega a ser muerte para nosotros. Nos encerramos en nosotras mismas y nos dañamos. Cuando las chicas sienten que no tienen voz, a veces pueden desear hacerse daño como una forma de liberar la agonía emocional.

Cuando sufrimos, Dios conoce la fuente de nuestro dolor y puede tocar el lugar que solo conoce Él. Dios preferiría que rompiéramos un frasco de perfume y que derramáramos cada pizca de nuestra alma y no que andemos por ahí viéndonos bien para con todos los demás, fingiendo que no necesitamos sanar.

Cuando nos quitamos nuestras máscaras, no hay nada que nos separe de Él. Nuestro rostro está al descubierto y podemos hacerle frente a nuestro verdadero espejo. Allí, con nuestras máscaras destrozadas en mil pedazos en el suelo, se nos ama, acepta y transforma para bien.

Tú eres más que la máscara que usas, y cuando eres sincera en cuanto a lo que hay debajo de la superficie, la libertad, la sanidad y el propósito lavan la costa de tu alma. El territorio de Dios es la luz; el idioma de Dios es la verdad. Cuando caminas en la luz, dejas la tierra marcada con tu autenticidad y te embelleces con tu sinceridad, y otras se inspiran a fin de seguir tus pasos. Debido a que caminamos en la luz, otras quieren desenmascararse de esta manera.

Hay una historia en Lucas 7:36-50 de una de esas mujeres. Era tan real que hizo que otras se sintieran incómodas, pero Jesús la amó.

Habla la mujer pecadora

Mi corazón está roto. Mi mente está rota, mi cuerpo se quebrantó hace mucho tiempo. No sé cómo comenzó todo y, a estas alturas, no veo el final. Estoy atrapada en una red y no puedo salir. Yo soy mi pecado. Estoy sucia. Podrida. Usada. Caída. Avergonzada. Abochornada. Sin nombre. Es como si no tuviera rostro. Ya nadie me mira a los ojos; los hombres solo me utilizan, pero yo llevo su pecado a donde voy. Lo llevo en las calles. Lo llevo en mi modo de andar. Lo llevo en mi mente, y mi corazón está agobiado y manchado, piedras asquerosas, nada más que suciedad.

A decir verdad, ¿qué tengo que perder si el Mesías me rechaza? Ya me han rechazado. Aun así, siento que cuando lo vea entraré al lugar santísimo. Y allí, solo diré la verdad. Lamento mucho la forma en que no he honrado al Señor. Lo lamento terriblemente.

Sin embargo, mi destino no es seguir viviendo de esta manera. ¡Me niego a eso! Corro hacia la luz, y aunque Él se encuentra esta noche en la casa del fariseo, siento que Él también corre hacia mí.

Cuando llego, es como lo supuse: Lloro a montones. Rompo a llorar justo delante de toda esa gente decente. De rodillas, derramo mi aceite en sus pies y los lavo con mis lágrimas. Mi túnica está manchada y sucia, se arrastra en el suelo, mi cabello es un trapo para el aceite. Le doy todo lo que tengo.

El fariseo me juzga; cree que usar una máscara cuando Dios viene a cenar es mejor que estar desarreglada como yo. Jesús, en cambio, me defiende y dice: ella ha amado mucho y se le ha perdonado mucho. Yo amo mucho. Me he lastimado a mí misma y he lastimado a otros, pero de veras que lo amo mucho.

Escucho su voz. «Tus pecados quedan perdonados». Levanto la mirada y Él es mi espejo nuevo. Sus ojos rebosan de gracia. «Tu fe te ha salvado. Vete en paz», dice Él y yo veo una nueva yo en su reflejo.

Con todo el lodo en mi corazón que se derramó en la luz, Él me habló. Y Él me cambió para bien. Nunca más andaré en mis viejos caminos; caminaré un poco más de cerca de los pasos de mi Señor. Él es la luz de mi vida, bello para mí.

Tú eres más que la máscara que usas, y cuando te quitas la máscara y eres sincera con lo que está debajo de la superficie, la libertad, la sanidad y el propósito lavan la costa de tu alma. A cambio, dejas la tierra marcada con tu autenticidad, embellecida con tu sinceridad, y otros se inspiran para seguir tus pasos. Debido a que caminas en la luz, nosotras queremos también quitarnos la máscara, donde todo sana y todo resulta para bien.

8

ERES UNA LUZ RESPLANDECIENTE

Las linternas hechas de piezas rotas dan la luz más bella.

La mujer más bella del mundo

El año pasado, la revista *People* reveló a su «Mujer más bella del mundo», su imagen de diosa se vendía en la portada, mientras nosotros veíamos su piel, cabello, ropa y cuerpo en la televisión, en los vídeos musicales, en los programas de telerrealidad, en los anuncios, en todo.

En casa, después de un largo día, descansando en el sofá con nuestras familias (o siendo más realista, todavía lavando platos y llevando a los chicos a la cama), nosotras las mamás podríamos sentirnos un poco «menos que», mientras todas las mandíbulas se caen al ver la increíble belleza de la estrella. Como mujeres, no somos humanas si no sentimos ningún efecto con esas imágenes. Tal vez estemos cansadas o desgastadas por los largos días. Tal vez nuestra piel se haya resquebrajado o estemos batallando con problemas de peso. Tal vez estemos afrontando la muerte inminente de un ser amado o una crisis financiera. ¿Cómo podemos alguna vez competir con esa belleza de la televisión?

No obstante, el mismo mes que *People* nombró a su «Mujer más bella del mundo», el matrimonio de la mujer se desintegró, y no lo digo con juicio, sino con sinceridad. El divorcio es horrorosamente doloroso. No solo es la destrucción de promesas, sino de sueños y futuros. Sin embargo, pasando por alto esta verdad, el mundo aplaudió a la mujer más bella del mundo con muchos artículos complementarios y programas de televisión que revelaban lo fantástica que se veía mientras pasaba por su divorcio.

Los medios de comunicación nos dicen de manera sutil: «¡Tú también puedes romper tu matrimonio y verte fabulosa al hacerlo!». O lo que es peor: «¿Por qué te ves tan mal? ¿Qué gran cosa puede pasar si tu familia se divide? ¡Solo comienza con otra persona! ¡Tú también puedes divorciarte y verte radiante!».

El divorcio destroza el corazón de una mujer, a veces en trocitos. El rompimiento de una familia es muy doloroso, y es mentira pensar que cualquiera puede verse fabulosa mientras lo soporta. Es una fachada.

Tal vez sea demasiado compasiva o transparente, pero me asustan las máscaras como esas. Sé lo que es vivir la vida con la fachada de la belleza e irse a casa sufriendo. Sé lo que se siente anhelar amor y aceptación mientras todos te aplauden. Es doloroso y es real.

De ninguna manera me sorprende cuando abro un periódico sensacionalista y veo la página titulada: «El divorcio de la semana». Allí vemos a otra «estrella» más que sufre. La última vez que lo vi, esa misma «estrella» estaba en una página más grande, incluida como una de esas «bellezas que siempre es joven» a quien debemos imitar.

¿Qué es lo que vale la pena imitar? ¿Rostros sin arrugas o matrimonios felices? ¿Qué es bello? ¿Un cuerpo grandioso, un vestido resplandeciente o un amor duradero y una familia feliz?

La «maldición de los Óscar» es infame en Hollywood; desde 2001 a 2010, seis ganadoras por mejores actrices experimentaron la congoja de que sus matrimonios se destrozaran, al mismo tiempo en que ganaban el Óscar. Mientras revelaban sus maravillosos vestidos largos y joyas caras, y aceptaban sus trofeos con un gran aplauso, la relación principal de sus vidas estaba destrozada, y sus hijos quedaron con las repercusiones.

En este caso, no estoy viendo la manera en que las estrellas son distintas a nosotras. Estoy viendo la forma en que son iguales. Tan bellas como pueden ser por fuera, nosotras somos similares por dentro. Al igual que nosotras, ellas anhelan encontrar contentamiento y belleza en sus hogares.

Por el momento quedamos con esta pregunta: ¿Qué es bella? ¿Qué vale la pena aplaudir? ¿Qué es estelar, sorprendente y victorioso para las mujeres? En realidad, ¿se trata del logro, del trofeo, del aplauso? ¿O es otra cosa que nadie ve? ¿Es más atractiva la forma en que tratamos a nuestros esposos al final del día, la belleza en la forma en que de veras hablamos con nuestros hijos en la mañana y el resplandor tiene todo que ver con el lugar en el que buscamos nuestra guía?

¿O en realidad somos tan bonitas como las máscaras que usamos?

Habla la Estrella de la Mañana

Las máscaras son caparazones, una cobertura protectora para un corazón tierno, la armadura externa que protege el rugido del espíritu. Las máscaras no siempre son malas. A veces la gente tiene que usarlas en la cara y fingir hasta que tiene éxito; es una forma de combate en un mundo tosco. La piel de mis hijas se pone insensible con la batalla; es natural y hasta puede ser bueno.

Lo que no es bueno es la falsedad. El fingimiento conduce al dolor. Las mentiras se ocultan debajo de la superficie, el dolor se enmascara y nadie sana. La transparencia es bella; atrae a la gente. Yo nunca tuve que ser falsa porque sabía quién era y de quién era. Mi identidad era mi verdad; esto me liberó para contar mi verdad sin reservas.

Había una cortina en el templo que impedía que la gente entrara a mi presencia. Ahora ya no existe. Yo la rompí cuando morí en la cruz. Tú puedes pasar por la cortina ahora. Puedes ir a Dios con un rostro desenmascarado, con tu verdad.

Me encanta tu verdad, pero conozco tus mentiras.

Solo por un momento en la montaña les hice ver a mis amigos toda mi verdad, todo lo que soy por dentro. Al quitarme la túnica de mi humanidad, permití que toda mi gloria saliera desde dentro. Por supuesto que fue un blanco tan deslumbrante y brillante como el sol, que se desplomaron sin palabras y cerraron sus ojos. Mi sinceridad fue casi excesiva para ellos.

La gente era atraída a mí por la llama titilante que yo era por dentro, ¡de seguro que no fue por mi buena apariencia ni mi gran talento! Nunca busqué la fama. Vine a servir. La gente experimentó al cordero y al león dentro de mí. De eso fue de lo que se enamoraron, de mi corazón.

Lucifer, por otro lado, amaba el exterior de las cosas. Se enorgullecía mucho de su buena apariencia y quería que le adoraran por su riqueza, sabiduría y belleza. Aspiró a ser una estrella por encima de todas las estrellas, e incluso se llamó a sí mismo el hijo de la mañana. No importa lo bien que se viera por fuera, su deseo de ser exaltado por encima de mi Padre lo convirtió en la bestia más fea.

La gente adora a las estrellas de cine y no sabe por qué eso no las hace sentir bien en cuanto a sí mismas. Especialmente los jóvenes. Mientras más ven las imágenes de las estrellas, más mal se sienten. Cuando adoras imágenes hechas a la semejanza del hombre, sus corazones se iluminan un poco. Cuando me adoras, yo derramo mi resplandor en tu corazón.

Y la belleza y el valor que yo doy dura.

La Luz del Mundo

Todos se quedan cortos de la gloria de Dios. Ninguno de nosotros puede subir una montaña como lo hizo Jesús y transformarnos por completo a un blanco resplandeciente. Los hombres tienen su tiempo de gloria. Suben, pero luego caen. El destino de todos es el mismo: Volvemos al polvo y nuestros espíritus vuelven a Dios.

En los Estados Unidos adoramos la belleza externa, el talento y la apariencia de la grandeza. A pesar de eso, una y otra vez descubrimos que detrás de la máscara del éxito está la humanidad caída.

Sin embargo, algunas estrellas que gozan de los escenarios más celebrados del mundo también son luces que brillan en las habitaciones de hospitales infantiles. Tras bambalinas, algunas estrellas caminan por las áreas del mundo destrozadas por la guerra y llevan agua. Algunas sacan bebés de los ambientes más oscuros y desesperados, y les dan hogares donde reina el amor. Algunos de sus matrimonios sobreviven y prosperan.

Todos nos inspiramos cuando los atletas, músicos y actrices impactan al mundo con un amor sencillo. Apreciamos cuando comprenden que se espera mucho de la persona que recibe mucho. En lo profundo, todos nos damos cuenta de que las verdaderas estrellas lavan pies sucios, tocan leprosos y permiten que los niños se les acerquen.

Sabemos que sus vidas detrás de la máscara es la más importante que viven.

En este punto está mi mayor preocupación: Las niñas de esta generación creerán que hacer brillar su luz en el extranjero es más importante que hacer brillar su luz en casa. No hay «¡luz, cámara, acción!» en casa, nada de maquillaje y ningún trofeo por un trabajo bien hecho.

Sé esto demasiado bien. En alguna ocasión de mi experiencia, comencé a creer que ser una luz en el mundo significaba el mundo fuera de estas paredes donde vive mi familia. Ahora estoy convencida de que ser una luz para el mundo comienza aquí en casa.

La cobertura

Estoy parada en el aeropuerto vacío, temblando con el suéter que me envuelve como una colcha demasiado delgada. Son las tres de la mañana y he perdido mi conexión y acabé en la ciudad equivocada. Camino por ahí, esperando que un ángel venga a ayudarme.

Entonces veo a esa mujer con uniforme de *American Airlines*, con un gran llavero que cuelga del ojal de su cinturón. Le cuento mi problema: perdí mi bolso y no tengo forma de llegar a casa desde ese lugar.

Ella me permite entrar al salón de equipajes y mi bolso no está allí. Llamo a mi esposo y él trata de decirme qué hacer para llegar a casa. En cambio, yo no estoy de acuerdo con él y comienzo a discutir.

La mujer me da una palmada en el hombro.

—Perdón —dice de manera respetuosa con sus amables ojos azules pero firmes—. Tengo que decirle algo. ¿Puede decirle que espere solo un momento?

Me excuso con Shane y pongo el auricular en mi pecho para que no pueda oírme.

—¿Es usted creyente? —me pregunta.

—Sí —digo yo.

—Eso pensé. Dios quiere que le diga algo.

—¿Sí?

—Tiene que oír a su esposo. Él es su cobertura espiritual —me dice, y hace un movimiento como si diseñara una sombrilla encima de su cabeza—. Dios hablará a través de él. Puedo explicarle mejor esto después, pero por ahora, solo haga lo que le diga. *No* discuta con él.

—Está bien... —digo con un poco de incredulidad.

Regreso al teléfono. «Lo siento, cariño, ¿qué decías que tengo que hacer?».

Sin duda alguna, eso arregló el asunto.

Cuando colgué el teléfono, ella me dijo que si alguna vez me aparto de la cobertura de mi esposo, es como salir a la lluvia en lugar de quedarme debajo de la seguridad de la sombrilla. Habrá angustia y confusión, me dice. Quédese bajo la cobertura de su esposo; eso la protegerá.

Yo asentí con la cabeza como si hubiera entendido. En cambio, se requeriría de tragedia y pruebas, años después, para que lo entendiera en realidad.

Quebrantada

Cuando escribía *Girl Perfect* [La chica perfecta], estudié todos los versículos que hablan de la belleza. Me impactó e incluso me asusté un poco al descubrir que el orgullo por la belleza externa comenzó con Satanás. Hizo que me diera cuenta de cuán embaucada me tenía cuando modelaba. Al mismo tiempo, tenía mucho sentido. Como el «príncipe de este mundo», él tiene una hueste de mujeres y niñas que también adoran la belleza externa. Continué y escribí *Girl Perfect Study Guide* [Guía de estudio para la chica perfecta], a fin de ofrecerles verdades sanadoras a las mujeres y a las chicas. El estudio también revela con claridad las mentiras de Satanás, quien es el autor de las máscaras, la muerte y todas las cosas feas.

A través de nuestros eventos y recursos como estos, nuestro mensaje llegó a ser como una ciudad en una montaña, atrayendo a la gente a la autenticidad e inspirándola para que rechace las máscaras y busque a Dios.

No estoy segura si eso ocurrió en un día, en una semana, en un mes o en un año, pero lo que supe después fue que se sentía como si alguien estuviera tratando de hacer trizas mi vida.

Una organización aclamada internacionalmente que da apoyo a niños del tercer mundo me contactó para ver si yo podría ser su representante. También me preguntaron si podría unírmeles en un viaje a un área empobrecida de América del Sur en apenas unos cuantos meses. Yo estaba embarazada de Samuel, por lo que consultamos con nuestro médico y a él le pareció bien el viaje.

Sin embargo, mi esposo tenía dudas al respecto, y decía que detectaba orgullo en mi voz cuando hablaba de la oportunidad. Tontamente, no tomé en cuenta su preocupación. Buscamos consejo, obtuve ánimo para irme y decidí hacer el viaje.

Unos días antes que despegara el avión, fuimos a vacunarnos. La enfermera nos dijo que no podía vacunarme por mi embarazo. También dijo que ella, a decir verdad, no me aconsejaba que fuera a esa área del mundo mientras estaba embarazada; el riesgo de contraer enfermedades era demasiado alto y, si eso ocurría, podía dañar o perder al bebé.

Con menos de cuarenta y ocho horas antes de que despegara nuestro avión, llamé a la organización. Me aseguraron que no estaríamos en territorio contaminado por enfermedades y que toda la comida y el agua serían seguras. Aun así, Shane sentía que no valía la pena arriesgarme yo ni arriesgar al bebé por el viaje. Olvidando lo que me dijo la mujer del aeropuerto, sentía una obligación muy fuerte con la organización que discutí con él. Llamé a mi médico por otra opinión. Cuando se enteró de los detalles de la situación, recomendó que no me fuera.

Llamé a mi mentora, Devi, quien viaja por todo el mundo a naciones pobres. Ella me dijo que si mi esposo y mi médico no estaban de acuerdo con eso, la respuesta era no... y eso fue todo.

Yo tenía una tendencia independiente muy fuerte, arraigada en viajar sola alrededor del mundo cuando era más joven, y no dependía de nadie más que de mí misma. (Mi tendencia rebelde fue tan fuerte cuando era adolescente que tenía una pegatina en el parachoques de mi automóvil que decía «¡Cuestiona a la autoridad!»). A diferencia de las que crecieron en la iglesia, las palabras *sumisión, honra* y *cabeza* eran desconocidas para mí.

Mi esposo, por otro lado, creció en el Sur, donde las mujeres casi siempre honraban las voces de sus esposos y los hombres construían cercos de protección alrededor de sus familias. Así que, ferozmente protector de su esposa y cachorros, mi esposo fue ferozmente en contra de la ferozmente independiente yo, que quería salvar a los niños hambrientos del mundo.

Después de debatir los riesgos con mi esposo, los médicos y la organización que insistían en que todo sería seguro, yo estaba frustrada y exhausta. Ellos tenían dos pasajes de avión para nosotros, y yo sentía un fuerte compromiso y obligación con ellos.

Estamos en el punto de esta historia donde mis compromisos y obligaciones caían en el lado equivocado de la cerca. La voz de mi esposo tendría que haber sido primero.

Entonces, ¿a quién escuché?

¿A ellos o a él?

¡Tengo que ir a Sudamérica y ver el sufrimiento!, pensé. *¡Debería creer que un Dios fiel me protegerá! ¡Mi propósito es hacer brillar una luz para los hambrientos!* ¡Yo quería darle un vaso de agua a un niño que le sustentara para toda su vida, y luego volver a los Estados Unidos y buscar más gente que apoyara a más niños! ¡Qué bendición! Yo quería hacer algo muy bueno.

Ese no era el único aspecto de nuestras vidas en la que yo lo cuestionaba y discutía con él. En cualquier asunto, me oponía a su liderazgo. Si tenía sentimientos profundos y preocupaciones que suplicaban ser autenticados, los pasaba por alto como irrazonables e inválidos.

En público, les enseñaba a las chicas a honrar a Dios honrando sus cuerpos, pero en privado no escuchaba a mi propia cabeza. La Biblia enseña que el hombre es la cabeza y que la mujer es el cuerpo, y una casa dividida no estará en pie.

En medio de mi discusión con Shane en cuanto a la seguridad del viaje, recibimos noticias de que un coche bomba estalló en la ciudad a la que viajaríamos. Yo me debilité tanto con las náuseas matutinas que ni siquiera podía levantarme del sofá.

Entonces, ocurrió la tragedia. Debido a las distracciones de esta división incesante, descuidé a nuestra linda perrita, Dallas, que estaba dolorida. Como una alarma que se enciende en la noche, su muerte repentina puso a nuestra familia en un estado de conmoción y me despertó de mi estupor. ¿Por qué elevaba a los niños del otro lado del mundo por encima de los míos en casa? ¿Por qué tenía la voz de cualquier organización más estima que la voz de mi esposo? ¿Qué me había pasado? ¿Cómo podía ser tan terca y tonta?

Los corazones de nuestros hijos estaban rotos, Shane estaba devastado y yo me sentía como si alguien hubiera tomado un bate de béisbol y me hubiera puesto de rodillas de un golpe.

Enterramos a Dallas avanzada la noche y pusimos notas en su tumba, toda la familia lloraba y gemía. «Perdóname», era la única palabra que yo podía decir. El dolor era tan crudo y mi pecado tan claro que gateé embarazada a su tumba, sollozando, mientras el padre de Shane me consolaba.

Fue antes del amanecer que caí postrada sobre mi rostro en un caos de lágrimas. Las páginas de mi Biblia, que se despegaban de las costuras, estaban frente a mí. Suplicándole a Dios que me hablara, abrí la Palabra y encontré que un pedazo de Isaías se había desprendido. Las palabras saltaban frente a mí:

> Aunque el Señor te dé pan de adversidad y agua de aflicción, tu maestro no se esconderá más; con tus propios ojos lo verás. Ya sea que te desvíes a la derecha o a la izquierda, tus oídos percibirán a tus espaldas una voz que te dirá: «Éste es el camino; síguelo» (Isaías 30:20-21).

«Más», susurré. «Muéstrame más».

En la parte de atrás de las páginas sueltas: «Pon tu casa en orden» (Isaías 38:1).

Esa mañana, Shane despertó con los ojos rojos por las lágrimas.

—¡Tú no me escuchas! —dijo.

—¡Lo siento! ¡Lo siento! —grité.

—¿Cómo puedo ser tu esposo si tú no me escuchas?

La mujer del aeropuerto me dijo que mi esposo era mi cobertura, que no debía discutir con él, que Dios hablaría a través de él, que salir de su cobertura no ocasionaría nada más que confusión y angustia.

Cada día, todo lo que sentía era confusión y angustia. Cada día.

Así como uno se apresura hacia un fuego cálido para escapar del frío abrasador, fui a la casa de Devi esa noche. Colapsé con lágrimas en su sofá y me acucillé al lado de su luz fija y firme pasada la media noche. Las mujeres sabias nunca temen decir la verdad, y Devi habló con tanta amabilidad, pero directa, que me rompió más el corazón.

«Algo tendencioso nos pasa», explicó Devi. «Comenzamos en el sendero de la "sierva", y sin siquiera darnos cuenta, cambiamos de sendero y estamos en el camino del "yo"».

La verdad de mi orgullo y rebeldía salió a la luz. Con la luz, vemos cómo nuestro pecado lastima a otros y a nosotras mismas. Nada está escondido.

Dándome una ilustración del matrimonio, Devi dirigió mi atención a la mesa de centro, el esposo como la parte superior de la mesa y la esposa como las patas que la sostienen.

Nunca antes pude ver con tanta claridad cuánto necesitaba cambiar.

Aunque mi familia me perdonó con compasión y misericordia, bajé mi cabeza en mi hogar por mucho tiempo. A menudo me sentía como si les fallara a mi esposo y a mis hijos. Las cosas en nuestra vida comenzaron a ponerse terriblemente mal, con asuntos complicados de nuestras familias extendidas, relaciones dañadas, traiciones y mentiras, y preocupaciones, temores e inseguridades por situaciones que iban más allá de nuestro control. Sentíamos que nos destrozaban por todos lados.

Pasé un largo tiempo viendo el caos. Siempre enfocada en el caos, la circunstancia, el pasado, el remordimiento, la insensatez, las decisiones que tomamos otros y yo. Siempre miraba las cenizas.

Lo diré otra vez: mientras más veas algo, más lo reflejas. Así que, como es natural, mi rostro comenzó a reflejar dolor.

La alegría se fue de mí y eso tuvo un serio impacto en mis relaciones más cercanas.

Al final, vendimos nuestra casa y el automóvil, y nos mudamos a otro vecindario para tratar de comenzar de nuevo.

Fue allí cuando el espejo se destrozó en un millón de añicos en la vieja casa que dejamos atrás. Cuando nos fuimos de esa casa, dejamos la mentira atractiva de que eres tan bonita como la máscara que usas. Dejamos la mentira que dice que tener una luz brillante afuera de la casa es más importante que tenerla dentro. Dejamos atrás la batalla de voluntades y, con el tiempo, Shane y yo nos alineamos. Aprendimos que el hombre es la cabeza del hogar, aun así, él guía con una fortaleza tranquila más eficaz cuando su esposa lo recibe con honra y respeto. Esta honra se filtra a los hijos. La forma más grandiosa en la que puedo confiar en Dios es confiando en mi cobertura.

Shane es mi apuesta sombrilla que me cubre de la tormenta y la lluvia. Es cálido allí, en su regazo.

Ponerme debajo de la sombrilla de mi esposo significa ponerlo en alto. Ponerlo primero. Confiar en su protección y rendirme a ella. Debido a que yo tuve que ser mi propia sombrilla por tanto tiempo, batallé con el mango en mi matrimonio. Creía que era más sabia, que era más fuerte, que era más alta. Esta visión exaltada de mí misma llevó a una época aleccionadora larga.

Dios siempre saca belleza de las cenizas.

Radiante

En nuestra nueva ciudad, llegué a estar rodeada de mujeres radiantes. Cada vez que daba vuelta, conocía a otra mujer que venció obstáculos tan dolorosos como pudiera imaginarse. Gente que perdió hijos, esposos y mejores amigas. Mujeres cuyos matrimonios pendieron de un hilo en alguna ocasión, pero que tenían historias de cómo Dios intervino y volvió a unir sus familias. Tenían una cosa en común: aprendieron a navegar por las tormentas al no mantener su mirada fija en la circunstancia, sino en el Hijo en el horizonte.

La madre de Shane, Linda, es una de esas mujeres radiantes. El Salmo 34:5 dice: «Radiantes están los que a él acuden; jamás su rostro se cubre de vergüenza». Aunque ella ha tenido razones para bajar la cabeza muchos días, acude a Jesús como su luz. A cambio, la refleja.

Linda me ha dicho muchas veces que mi gozo es mío, y que nadie me lo puede quitar. Ella ha pasado por pruebas tremendas. La rebelión de sus dos hijos cuando ambos eran adolescentes le dio una jornada larga y dolorosa. En ese tiempo, vivía en una casa grande, y describe cómo un rayo de luz solía entrar por la ventana del frente en la entrada. Ella solía acostarse en el rayo de luz en posición fetal, el dolor emocional era demasiado intenso. Al final, se dio por vencida con sus hijos y le entregó a Dios lo que no podía controlar. A cambio, recibió paz.

Y a causa de todas las tormentas que ha atravesado, para Linda ha habido muchos arcoíris. Durante mi época de prueba, iba a la casa de Linda solo para sentarme en su sofá a fin de estar cerca de ella. Es como un fuego cálido en un día zarandeado por la tormenta.

Cuando sentía que mi vida estaba despedazada, ella tenía fe en que Dios la volvería a unir. Cuando la atacaba la tormenta, ella decía que Dios haría un arcoíris. Me levantaba el ánimo.

Las mujeres que brillan son mujeres que saben: Somos una luz en casa; somos una luz fuera. No somos una cosa sin la otra.

Antes de ser una verdadera luz al mundo fuera de nuestra casa, somos una luz dentro de ella. Nunca somos una cosa sin la otra.

Habla la Estrella de la Mañana

Cuando tropiezas y caes, tu máscara perfecta se cae y se hace añicos. Es posible que te duela, pero puedes volver a unirlos en un patrón más bello, a través del cual yo puedo lanzar una luz más luminosa.

En los tiempos antiguos, los alfareros desechaban sus piezas rotas y los fabricantes de lámparas salían al campo a recoger los pedazos. Usaban esos pedazos para sus lámparas porque la luz brillaba bellamente a través de las rajaduras.

Tú me pides que te haga más semejante a mí, y luego un día te sientes destrozada. Sé cómo es sentirse así y eso no cambia tu identidad. Todavía eres mi hija, mi creación, mi puerta del templo llamada Hermosa. Cuando me permites brillar a través de las piezas rotas de tu corazón, atraerás a la gente a tu lámpara, porque será una luz más suave sobre su día oscurecido.

La primera pista que señaló al Mesías fue una estrella en el cielo. Luego, cuando creció, Jesús proclamó: «Yo soy la luz del mundo. El que me sigue no andará en tinieblas, sino que tendrá la luz de la vida» (Juan 8:12).

Él sabía que nos confundiríamos y que pensaríamos que lo que somos es un reflejo de donde hemos estado, de los errores que hemos cometido o de las máscaras que usamos. Por lo que nos dijo: Entérate de lo que eres con el reflejo de lo que yo soy. Yo soy la luz del mundo; tú eres la luz del mundo. Él no dijo: «*serás* la luz del mundo *cuando* vayas allá y hagas esto bueno»; no dijo: «*llegamos a ser* una luz porque lo hacemos todo bien. Solo dijo: «Ustedes son la luz» (Mateo 5:14).

Jesús tuvo el cuidado de señalar que somos tanto una luz pública como privada, y la luz que está en nosotros atraerá a la gente. «Una ciudad en lo alto de una colina no puede esconderse. Ni se enciende una lámpara para cubrirla con un cajón. Por el contrario, se pone en la repisa para que alumbre a todos los que están en la casa» (Mateo 5:14-15).

Al darme cuenta de que no solo soy una ciudad construida en una colina, sino una lámpara en mi casa, siempre tengo que acudir a Él para mi reflejo. Mientras más veo algo, más lo reflejo. Jesús fue un hombre que sufrió, que comió el pan de adversidad y que bebió del agua de la aflicción, pero en Él había plenitud de gozo. Él se sometió por completo; Él honró por completo.

No sé por qué sufrimos, pero sí sé que caminar a través del fuego puede hacernos brillar mucho más cuando salimos.

Habla Ester

Mujeres, ustedes pueden ser tanto una lámpara en la casa y una luz fuera. Mi poder llegó al saber que mi luz fuera de casa comenzó con mi luz dentro de ella.

Mi esposo no era un hombre perfecto. Mi esposo se embriagó y creyó una mentira. Es difícil respetar a un hombre borracho o a un tonto, pero es simple decidir honrar al rey que está dentro de él.

Yo salvé a mi pueblo de la destrucción total, sí, lo rescaté de la muerte. Sin embargo, eso comenzó con lo que ocurrió cuando nadie lo veía.

Cuidé de mi cuerpo, hice tratamientos de belleza y me veía en mi mejor forma. ¿Pero sabes para quién fue? Para mi esposo, el rey. Y aunque él actuaba como un tonto, yo lo serví. Cuando tuve que enfrentar la terrible situación en la que estaba mi pueblo, no le exigí nada al hombre. Esperé el tiempo oportuno. Preparé su comida. Oré.

Cuando hagas esto, tendrás más poder porque tu belleza externa encaja con tu humildad interna. Por supuesto que él estimó mi petición de salvar a los de mi pueblo y asesinó a quien quería matarlos, porque yo lo había estimado a él primero.

El León y el Cordero

La historia de Ester nos enseña que la mejor forma de salvar a la gente y de matar al asesino es exaltando al rey en nuestros propios hogares.

Siempre le he dicho a la gente que los versículos de mi vida son 1 Pedro 3:3-4: «Que la belleza de ustedes no sea la externa, que consiste en adornos tales como peinados ostentosos, joyas de oro y vestidos lujosos. Que su belleza sea más bien la incorruptible, la que procede de lo íntimo del corazón y consiste en un espíritu suave y apacible. Ésta sí tiene mucho valor delante de Dios».

Con el tiempo he reflexionado en estos versículos porque no tengo una personalidad afable y tranquila. Soy más como un león. Puedo gruñir. Puedo ser feroz. No obstante, Jesús fue león y cordero. Él pudo haber venido a la tierra con sus colmillos listos para devorar, con los ojos flameantes, preparados para desatar su ira en el hombre caído. Aun así, en lugar de eso, Él decidió venir con una gracia dócil. Se desplazó en la tierra como alguien que perdonaba, alguien que lavaba pies en lugar de señalar la suciedad, alguien que tocaba a los torturados por demonios en lugar de evadir su angustia.

Los versículos de cualquier lado de 1 Pedro 3:3-5 son la clave para nuestra luz. Dicen que no ganemos a nuestros esposos con nuestras palabras, sino que lo hagamos con nuestro comportamiento. Así era la manera en que las mujeres santas del pasado solían adornarse, con honra.

A mi esposo le encanta cuando yo le leo. Escribo la mayor parte leyendo en voz alta. Hay algo en mi voz cuando leo que le da descanso a Shane. Una vez le estaba leyendo y él quedó fascinado. «Deberías hablar así todo el tiempo», dijo. «Yo haría cualquier cosa que dijeras».

Al igual que Dios, los hombres no se impactan con nuestras exigencias. Los hombres se impactan con nuestra fe. El espíritu afable y tranquilo que es tan poderoso es el Espíritu Santo. Nosotras somos las vasijas de Dios. Él es nuestra luz, y nosotras somos las lámparas rotas por las que brilla Él.

El Espíritu del Señor es afable, amable, controlado. Está lleno de los elementos de la verdadera belleza: fe, esperanza y amor. Jesús nos enseña lo que es el amor: entregar nuestras vidas. Poner en alto a los demás.

¿Qué tal si la belleza de la mujer no trata de exaltarse a sí misma, sino más bien humillarse? De seguro que esto acuesta su león con su cordero.

9

ERES CONTROLADA POR LOS MEDIOS DE COMUNICACIÓN

Cuidado mis ojitos al mirar.

Habla el Maestro

L os medios de comunicación son un vehículo, como el automóvil es un vehículo. Un vehículo puede ser seguro y puede llevarte a donde quieras ir.

Sin embargo, un vehículo también se puede usar para buscar, matar y destruir. Los accidentes pueden ocurrir. Los chicos pueden conducir demasiado rápido, sin darse cuenta del efecto de sus acciones. Las madres pueden distraerse por los hijos en el asiento de atrás y no ver el camino delante de ellas. La gente puede embriagarse o drogarse, o estar demasiado cansada y conducir hacia una cuneta y morir. Eso ocurre.

Los medios de comunicación también son un vehículo.

Conduce con cuidado.

Usa la precaución.

El giro más leve puede sacarte del camino.

Fija tus ojos hacia el frente. No gires a la derecha ni a la izquierda. Mantén tus ojos en la meta y recuerda: Tú eres la que domina el vehículo. Tú lo controlas. Él no te controla a ti.

Si sientes que te controla, quita el pie del acelerador, hazte a un lado y estaciónate, sal del auto y pide ayuda. Te ayudaré a poner algunos guardias en su lugar para asegurarte de que lo sepas. Tú eres la que tienes el dominio, no dejes que te controle él.

Las pantallas están en todas partes. Antes de que hablemos de lo malo que pueden ser, tenemos que decir lo grandiosas que son. Me encanta poder enviar simples mensajes de texto a mi hija a su teléfono, o enviarle un vídeo divertido a Samuel. A lo largo del tiempo que he escrito este libro, mis amigos me han animado y desafiado con mensajes de texto para que continúe. Me encanta una buena película, estoy entusiasmada con mi programa de *software* bíblico, y aprecio de veras el internet. Hace posible alcanzar a la gente al otro lado del planeta y poner nuestras huellas digitales en el mundo.

Aun así, no podemos negar los peligros de las pantallas, la forma en que nos separan de la gente y nos distraen de vivir a plenitud el momento, porque en nuestra pantalla nuestra mente está en otro lugar. Es como un vehículo que nos lleva a grandes destinos o a unos terribles. Lo lamentable es que lo que llega a través de la pantalla puede tener un impacto tremendamente negativo en nosotras.

Para los chicos, comienza con juegos de vídeo. Juegan durante horas y horas. Llega a ser lo que les encanta. Luego, cuando son mayores, el clic de un botón los dirige al instante a un mundo que esperemos que nunca hayan visto. Este mundo, así como los juegos, es interminable. Es una plétora de imágenes pornográficas que encienden la excitación e incitan la adicción. Los deja sintiéndose avergonzados, pero entonces ya saben que está allí. Todo lo que se requiere es el clic del botón.

Solía ser que lo más cerca que un chico podía llegar para echar un vistazo en la falda de una mujer era corriendo debajo de los maniquíes del centro comercial. Al crecer era posible que buscara en una revista de *National Geographic* o en la sección de ropa interior del catálogo de la tienda *JC Penney*. Cuando creció, hasta pudo haberse aventurado en la tienda de licores para darle un vistazo a una revista para adultos. Sin embargo, ¿se suscribiría a ella? ¿Adónde pediría que la enviaran? ¿A su casa? ¿Al dormitorio de su universidad? Lo dudo. Y cuando se casara, ¿cómo podía esconder esa suscripción de su esposa e hijos? No podría.

Para ver pornografía se requería de un esfuerzo deliberado y premeditado. Ahora solo se requiere de este largo: clic, clic, clic, y ya estás allí. Los pasos de mamá en las escaleras, un clic, y desaparece.

Después de hacer clic unas cien veces, su futura esposa ya no será asombrosa. Después de mil, podría estar arruinado en su totalidad para ella, atormentado por la constante consciencia de lo que hay detrás de esa pantalla, que no solo está en su dormitorio, sino en su bolsillo de atrás. La tortura de lo que se ve tan deseable en la superficie y el poder que tiene para controlarlo, si él lo permite, puede descarrilarlo por completo. Ni siquiera ha conocido a la tierna esposa de su juventud, ni ha saboreado su dulzura, y ya es agria.

¡La hora de la foto!

Para las chicas, las imágenes de los medios de comunicación son muy complicadas. En primer lugar, tienen que batallar con las imágenes un tanto pornográficas, imágenes con las que no pueden estar a la altura y que ni siquiera son reales. Aunque la chica sepa que su valor es más que su carne, las imágenes presentan a las mujeres como rehenes para usarlas, exhibirlas y sexualizarlas, en lugar de criaturas sagradas, hechas a la imagen de Dios. Estas imágenes tienen el potencial de actuar como prismas distorsionantes que desvirtúan la imagen de una chica de sí misma, del sexo y de su esposo.

Esta generación de chicas tiene que lidiar con una generación de chicos cuyas cabezas están llenas de esas imágenes. Es un mundo distinto para las chicas del de nosotras, y es difícil para ellas antes de que hayan besado a un chico, e incluso más difícil después.

Cada niña quiere ser una estrella, para que todos contemplen su imagen y *oh* y *ah*. Los sitios de las redes sociales le dan esa oportunidad. Puede colocar fotos de sí misma y todos pueden decir: «¡Muy bien!». «¡Vaya!». «¡Me gusta!».

Para muchas chicas en busca de aprobación, y en especial para las que han sufrido rechazo, sucede algo distorsionado. Comienzan a pensar que la aceptación que reciben está relacionada con su imagen en línea. Siguen cambiando su foto de perfil, con la esperanza de recibir más «me gusta», y cuando son mayores lo intentan con fotos sexis para obtener aprobación. Ahora son como una modelo de *Victoria's Secret* y todos se comen con los ojos sus fotos. «¡Qué asombrosa!». «¡Te ves tan bella!». «¡Así se hace, chica!».

A las chicas les gusta tomar fotos y hacer álbumes, es natural para nosotras. Yo lo hacía cuando era niña, pero los álbumes eran solo para mí y mis amigas. Las fotos permanecían en mi habitación.

«Mi página *es* solo para mis amigas», ¡gritan las chicas! Lo siento, pero nadie tiene doscientas treinta y ocho amigas cercanas. Yo tengo un máximo de diez. Y de esas diez, solo tendría una fiesta de pijamas con cinco. Y de esas cinco, solo dos en realidad se sentarían conmigo y verían todas las fotos de mi álbum, y solo lo harían porque me quieren de verdad, no porque deseen ver cada una. La única persona que quiere ver cada foto mía es mi madre.

El vehículo de los medios de comunicación puede ser muy engañoso. En apariencia, vemos lo que parece un álbum de fotos en línea o una forma divertida de compartir imágenes o conectarse con los amigos. En cambio, debajo de esa máscara se puede estar fraguando un problema. Si una chica recibe un texto, o se le notifica cada vez que a alguien le gusta su foto o aprueba su publicación, eso es malo. Debido a que siempre que recibe un mensaje de texto, se le interrumpe. A nuestras chicas no se les tiene que interrumpir constantemente de sus estudios, deportes y familias para que les digan que a alguien le gustó su foto o que está de acuerdo con su pensamiento. No es de extrañar que estén en una montaña rusa; no es de extrañar que tengan problemas de imagen. Las redes sociales no son solo una forma para que los chicos se comuniquen; es una forma en que los chicos aprueban o desaprueban de manera instantánea y constante las imágenes unos de otros y de sí mismos. Las cámaras solían apuntar hacia fuera para captar recuerdos. Ahora, apuntan hacia dentro.

¿Por qué las chicas cambian a cada momento sus fotos de perfil? ¿Para mantenerse al día con la nueva apariencia? ¿Solo para ser chicas y divertirse? ¿O porque algunas en realidad creen la mentira de la máscara, que su imagen como la presentan en las redes es la que poseen? Son tan bonitas como su foto. Tan dignas como su número de «me gusta».

Orienté a una chica que tenía este problema. Era mi estudiante del octavo grado cuando solía enseñar redacción después que dejé la industria del modelaje. Rechazada por su madre, lidiando con el divorcio de sus padres, sintiéndose controlada y manipulada por su papá, comenzó a cortarse a los doce años de edad. Solía entrar agachada a mi salón de clases a la hora del almuerzo porque era un lugar seguro para su corazón perturbado.

Años después, me encontró a través de Facebook. Al comunicarme con ella, observé que sus fotos de perfil cambiaban siempre y cada vez eran más seductoras. Sin miedo nunca a decir la verdad, le mandé un mensaje, aconsejándola para que retirara las fotos que deshonrarían a su futuro esposo y futuros hijos. Ella me llamó pronto para confesar que tenía un trastorno alimentario hecho y derecho, que era adicta a las drogas, promiscua, que se desnudaba en público, que alucinaba y que era suicida.

Juntas, ella y yo, llamamos a la puerta de *Mercy Ministries*, un excelente centro de tratamiento y alojamiento de largo plazo para las jóvenes perturbadas, y por un milagro ella ingresó.

Cuando se graduó en *Mercy*, me llamó para contarme cómo Dios le había iluminado todas las cosas. Dejó un mensaje en mi teléfono que decía: «¡Respóndeme la llamada! Todavía no estoy lo bastante bien como para tener un teléfono celular, o internet, o pantallas de ninguna clase. Así que solo puedes contactarme por la línea telefónica».

Claro que sí te contactaré por la línea telefónica, amiga mía. Claro que lo haré.

Cuando las chicas publican fotos de sí mismas por los mensajes de texto, el correo electrónico o las redes sociales, esas fotos llegan a ser públicas, y todo lo que tiene que hacer alguien es hacer clic en una foto y guardarla en un disco duro. Luego, aunque la chica lamente haber publicado esas fotos de sí misma y las retire del internet, otra persona las tiene guardadas.

El internet es muy engañoso. Cualquiera puede hacerse pasar

como cualquiera. La gente que cree que «solo mis amigos pueden ver mis páginas» se engaña a sí misma. Cualquier patán puede hacerse pasar como amigo y obtener una ventana a tu vida personal si publicas en línea. No es difícil en absoluto. Para las chicas, cualquier acosador puede hacer clic sobre la foto de una chica y hacerse pasar por ella. Luego, ese acosador puede decir cualquier clase de cosas horribles de otra gente a través de «su» boca. Es robo de identidad, pero el internet lo facilita.

Lo que es peor, si las mujeres o las chicas se toman fotos sexuales de sí mismas y las comparten, cualquiera puede decidir convertir el pequeño sueño en una pesadilla. Esa persona puede tomar la foto atrevida y convertirla en un sitio web, y ella no puede hacer nada al respecto. O incluso lo más enfermizo, alguien puede tomar una foto decente de una chica y modificarla con *Photoshop* de manera que parezca que su cabeza está en un cuerpo desnudo. Más adelante en la vida, su esposo y sus hijos tendrán que batallar con esas fotos.

Podrías pensar que estoy siendo un poco radical aquí, pero lo cierto es que no puedes discutir conmigo porque tengo razón. Sé de lo que hablo y te lo advierto: Mantén en privado tus cosas privadas, mantén sagrados a tus hijos y solo ten la seguridad de que recibes la aprobación del cielo cuando proteges lo que se te ha confiado. Protege tu cuerpo, tu matrimonio, tus hijos, tu futuro y la posibilidad de tu gran influencia en el mundo.

¿Te caigo bien ahora?

Cuando presentaba este libro a las potenciales editoriales, una con mucha reputación quería saber cuántos «me gusta» tenía en Facebook y cuántos seguidores tenía en Twitter. Era una pregunta legítima de mercadeo, pero me reí entre dientes.

Ah, ¿es probable que no sean suficientes?, pensé. Había pasado los últimos dieciocho meses cara a cara con nuestro nuevo bebé. El número de amigos que tenía en Facebook era lo último en mi mente, y en ese entonces ni siquiera tenía una cuenta en Twitter.

Mi matrimonio y mi familia eran el centro de atención. Mi

vida en el hogar era todo lo que me importaba. Y cuando me comprometí con el ministerio público, el impacto más grande estuvo en hablarles a las chicas en los pasillos entre sesiones, escuchando sus historias en la fila para el libro y quedándome después del evento para conectarme con las mamás y las hijas. Aun así, mi ministerio más grande ocurrió en mi patio de atrás con mis hijos, descansando mi cabeza por más de lo que había planificado en sus almohadas en la noche, escuchando acerca de sus días, de sus batallas, de sus sueños.

Cara a cara es donde ocurren las cosas reales, y cuando los medios de comunicación nos dominan, nos enganchan en las pantallas, podemos perdernos eso.

Algunas de las mujeres más influyentes que conozco son maestras sin páginas de Facebook, y si las tienen, no difunden cada buena obra al mundo. Les enseñan a los niños a leer y a honrar a sus padres sin que se anuncie con un megáfono. Otras, se sientan cara a cara con adolescentes atribulados en las oficinas de consejería y les dan un pañuelo para secarse las lágrimas; ellas son los brazos que abrazan a los que sufren sin tener que contárselo al mundo.

Estoy rodeada de gente que no necesita la aprobación del mundo. El esposo de mi mejor amiga es famoso, pero ella rechaza las redes sociales para poder enfocarse en sus verdaderos amigos y familia. Mi esposo apenas toca el Facebook y, a través de su ministerio a nuestros hijos, está criando dos hijos sólidos. Cuando él les enseña a cortar el césped, no lo publica para ver cuánta gente lo aprobará. ¡Yo soy la que quiere contárselo a todos! A él no le importa si nadie lo ve.

Cuando acababa de escribir *Girl Perfect*, llegué a estar abrumada con tareas administrativas. Una viuda llamada Jan buscaba un lugar para servir. Literalmente llegó a mi casa y me dijo que le gustaba «estar ocupada». ¡Enviada por Dios! Durante los siguientes cinco años, Jan empacó y envió libros, e hizo una multitud de otras tareas, y oraba para que alcanzáramos las chicas. Dios, no el hombre, vio su servicio, y ella nunca lo quiso de otra manera. Y Caris, quien fundó el ministerio conmigo, no tiene redes sociales. Practica ciclismo de montaña con chicas. Las lleva en su barco y se queda hasta tarde en la noche debajo de las estrellas, escuchando sus historias y guiándolas con tranquilidad y suavidad hacia un caminar con Dios.

La verdadera intimidad, la verdadera amistad, la verdadera verdad, la verdadera vida, ocurren cara a cara, algo que esta generación de chicas puede perderse si no tienen cuidado. Tenemos que enseñarles que un amigo no es alguien a quien acabas de conocer o que apenas conoces; es alguien con quien te relacionas de cerca y te apoya en tu vida. Y la cantidad de amigos que tienes en línea, o la cantidad de «me gusta» que recibes no es indicador de tu valor, ni mide tu influencia.

También tenemos que enseñarles a las chicas que la privacidad es buena. En otro tiempo, la persona con quien salíamos, las personas que nos agradaban y las cosas que creíamos, permanecían en nuestro pequeño círculo. Ahora, las chicas hacen todo eso público. Solía ser que cuando una chica se comprometía, era un momento íntimo entre su futuro amante y ella. Ahora se hace estallar en toda la pantalla, todos tienen una ventana para ver. Lo mismo ocurre con sus bodas, sus bebés, sus hijos que crecen.

Y por alguna razón, muchas tienen la impresión de que tienen que contarles a todos lo que hacen y dónde están todo el tiempo. Decirle a la gente dónde estamos es también irracional porque nos hace vulnerables. ¿En realidad quieres que la gente sepa que no estás en casa? No es una idea inteligente para tus hijos.

¿Dónde se detiene la publicidad personal? ¿Cuando la vida se pone difícil? ¿Cuando los sueños se estrellan? ¿Cuando algo malo ocurre? ¿O es público también eso? Para muchos lo es. Tengo una amiga que publicó sus problemas matrimoniales en todo Facebook, ¿y sabes qué? Se divorció, y todo lo que escribió a los cientos de «amigos» acerca de la situación llegó a estar en un registro público. Triste como parece, algún día alguien podría imprimir toda la saga para sus hijos, y si leen todo lo que ella sintió y dijo y de lo que acusó a su esposo, solo devastaría aún más a los tres hijos que ya están destrozados.

Proverbios 4:23 nos advierte: «Por sobre todas las cosas cuida tu corazón, porque de él mana la vida». ¿Qué debemos cuidar? ¿Nuestros corazones? ¿Quién tiene nuestros corazones? Nuestros esposos, nuestros hijos, nuestra familia.

También hay sabiduría al seguir el ejemplo de la vida de Jesús. Él les hablaba a las multitudes, les daba sus enseñanzas a tantas personas como podía y les contaba historias. Luego, llevaba aparte a sus discípulos y les explicaba el significado más profundo de las historias.

Sin embargo, su verdad más íntima solo se la expresaba a los de su círculo privado. Cuando subió a la montaña, les mostró a Pedro, Jacobo y Juan quién era Él en realidad. Allí en la montaña les mostró su gloria, su túnica se puso de un blanco centelleante, más brillante que pudiera ponerla todo el cloro del mundo. Les dejó todo claro, no a las multitudes, sino a sus amigos más íntimos. Y allí, en la montaña, cuando fue tan abierto, sincero y real de lo que alguna vez iba a ser, Dios les habló. Ellos escucharon su voz.

¿Sabes lo que Jesús les dijo cuando bajaron de la montaña? Mantengan esto en privado. No se lo digan a nadie hasta que resucite de los muertos (Mateo 17:9).

Jesús creía en guardar algunas cosas en secreto, y tuvo la sabiduría para saber cuándo una verdad podría liberar a alguien y cuándo podría hacerlos tropezar. No siempre quería atención por cada cosa que hacía. Cuando hacía milagros, no quería que se publicara en todas partes. Es más, le decía a la gente: *No se lo digas a nadie. No digas nada de esto.*

Así es. Él hacía algo grande y le decía a la gente que *no* lo publicara, que *no* lo contara.

Las interacciones más bellas de Jesús con la gente ocurrieron cara a cara, uno a uno. Y cuando Él sufrió, no acudió a las multitudes por respuesta; acudió al Padre.

En cuanto a lo que puedo decir, Él vivió de veras para la audiencia de Una persona.

Y Él tiene más seguidores que cualquiera en la tierra.

¿Quién es el que controla?

Es la medianoche. He estado escribiendo un estudio bíblico y mi cerebro ha estado sumergido en la Palabra durante semanas. He estado estudiando al enemigo y las diferencias entre él y Cristo. Mi cerebro está tan cubierto de lo que he estado leyendo que la Palabra es mi único filtro ahora mismo. Salgo de mi oficina para hacer un té y veo que el programa *El soltero* está en la pantalla. Es divertido, es loco, es absurdo por completo.

Mientras espero que hierva mi té, de repente veo algo verdadero en un instante, como una película en cámara rápida: *El soltero* es la mentira del hombre. Se trata de adorar al hombre, y creer lo que él piensa de ti. *Transformación extrema* es la mentira del espejo. Trata de que el peso y las medidas declaren tu valor. *Pasarela a la fama* es la mentira de la revista. Es la adoración de la belleza externa a expensas de otros. *Supervivientes* premia al mejor engañador y *CSI: En la escena del crimen* solo trata de asesinatos.

¡Ay no!, pienso. El enemigo está detrás de todo esto. Se infiltra a nuestros hogares al mantener todos sus valores en la pantalla.

Entonces, este es el punto. Yo no quiero ser menonita. Me encanta *American Idol*, y no me voy a perder la próxima temporada de *Supervivientes*. Nuestro hijo juega videojuegos y nuestra hija mira televisión. Shane y yo hasta podríamos ver un poco de *El soltero* para reírnos un poco, y de seguro que Olivia y yo tenemos los ojos puestos en *The Biggest Loser* [El gran perdedor].

Aun así, tengo claro que «ídolo» está en el título y que «*perdedor*» es un ataque para la gente con sobrepeso. No soy lo bastante ingenua como para pensar que la cámara va a captar el dolor de esas chicas que no ganan en *La siguiente supermodelo americana*; sé cuántas pierden a cuenta de la que gana, y sé que la que gana quizá no gane al final. Entiendo que el engaño es la premisa de *Supervivientes*. Comprendo que en el mundo del dios de la pantalla, el adulterio se hace atractivo, el sexo antes del matrimonio se alaba y, de una manera extraña, el asesinato se glorifica.

¡Las pantallas no son tan sencillas como solían ser! Solía ser *Las desventuras de Beaver* y *Días felices*. Ahora es *Familia moderna* y *Embarazada a los 16*.

¿Y qué de los videojuegos? Los chicos solían jugar Pac Man [o Comecocos] y Asteroides; ahora es un baño de sangre.

En algún momento atravesamos la línea. Ya no se trata de

entretenimiento cuando la violencia y la sexualidad abierta se reproducen en las vidas de nuestros hijos. ¿Por qué nos sorprende tanto cuando los chicos quieren hacer tiro al blanco con gente real y las chicas quieren experimentar con chicas? En los videojuegos, los chicos reciben puntos por matar gente; se les promueve. En la televisión, las chicas reciben atención por ser una mamá adolescente o por besarse con otras chicas. No hay repercusiones en la televisión. En los videojuegos, no hay madres afligidas ni comunidades furiosas con las cuales conectarse; la muerte es un bono. No hay emociones humanas implicadas. No hay pérdida de miembros que arruinen los sueños de alguien, ninguna bala que altere el cerebro funcional de una persona, ningún tetrapléjico ni niños en terapia física por el resto de sus vidas por esa bala. Y, en definitiva, no hay cárceles que encierren de por vida a los que disparan.

Somos tontos al pensar que el dios de la pantalla no tiene nada que ver con la muerte de los valores de nuestros hijos. Los chicos pueden estar en línea y aprender a hacer bombas, a matarse, a dejar morir de hambre sus cuerpos, a explorar su sexualidad y más. La cultura refleja lo que la pantalla les instruye que hagan. La influencia es real y puede dejarnos enfermos, enfermos, enfermos.

Cuando nuestros ojos se abren, ¿qué hacemos? ¿Rechazamos todos los medios de comunicación? ¿Apagamos las pantallas por completo e intentamos vivir como si no existieran? Depende de ti. Como quiera, en mi familia la respuesta es no. Creo que tenemos que ver, saber y entender lo que cree el mundo. Tenemos que mantener nuestro oído atento al sonido del mundo y nuestro oído atento al sonido de la Palabra.

En el Cabo de Buena Esperanza, al suroeste de Sudáfrica, los océanos Índico y Atlántico colisionan con un abrazo majestuoso, pero violento. Chocan y explotan contra el cabo. Los exploradores solían morir tratando de navegar en este choque. Sus botes chocaban y perdían de vista la playa. En estos días todavía es un viaje salvaje, pero es posible rodear el Cabo de Buena Esperanza.

Navegar por el choque entre el mundo y la Palabra es desafiante, pero posible. Solo tienes que mantener tus ojos en el faro, tu oído afinado al capitán y saber cómo mantenerte alejada de los peligros.

Para cada batalla grande hay un enemigo. Te persigue, tratando de sacarte de la carrera a ti y a la gente de tu barco. Conoce a tu enemigo. Se exalta a sí mismo. Exalta la fama. Exalta el engaño. Exalta la carne. Exalta la muerte. Exalta el pecado sexual. Exalta el adulterio. Exalta el robo. Exalta la apariencia externa. Exalta todo menos a nuestro grandioso y asombroso Dios.

Y trabaja a través de la pantalla.

Intervengamos en esta discusión. ¿Qué pasaría si Dios, no Satanás, fuera la mente maestra de los medios de comunicación? ¿Qué pasaría si fuera su idea, en primer lugar, conectar a la gente a lo largo del globo a través de una pantalla? ¿Qué pasaría si lo hubiera querido primero? ¿Qué pasaría si le encanta una gran tragedia y un romance fantástico? ¿Qué pasaría si tuviera algún interés particular en instruir a nuestros hijos para el combate? ¿Qué pasaría si quisiera que supieran cómo esquivar una bala y sacar al enemigo? ¿Qué pasaría si incluso quisiera que ganaran la batalla cuando parece que todas las probabilidades están en su contra?

Ah, se parece mucho al Dios de la Biblia.

Entonces, ¿qué pasaría si Dios quiere que nosotros dominemos los medios de comunicación y que ya no dejemos que ellos nos dominen?

El punto es este: de nosotros depende cuánto absorbemos en lo personal. Dios nos hablará, actuando como filtro de lo que debemos y no debemos introducir en nuestras mentes y en las mentes de nuestros hijos. De nosotros depende decidir escuchar y obedecer o no.

En lo personal, creo que Él es un gran filtro. Cuando escucho su voz, me va bien. Cuando la paso por alto, las cosas se ponen escabrosas y a veces colisiono, y lastimo a otros y a mí misma.

Cerremos esta discusión importante con una historia cómica. Mientras escribía este libro, me desconecté de todas las redes sociales. Fue fácil para mí. Pero entonces, en las últimas semanas de escribir este libro, declaré un ayuno de todas las pantallas, excepto de este manuscrito. Me distraigo con tanta facilidad que si solo abro el correo electrónico, es posible que no escriba en todo el día. Por lo que en el último trecho, rechacé el correo electrónico. Insistía que no miraría nada en una pantalla más que este libro que tienes en tus manos que, para mí, no es un libro. Es un sueño y una tarea.

En realidad, traté de ayunar de las pantallas, pero no pude hacerlo por completo. Los amigos me enviaban mensajes de texto con notas de ánimo, y sentía que tenía que responder, ¡al menos en los recesos para ir al baño! Lo próximo que sabes es que intercambio notas de texto con mis amigos, mirando otra pantalla, ¡cometiendo adulterio en contra de mi manuscrito! Luego recibía un texto que decía que tenía un correo electrónico importante; por lo que abría el buzón para leerlo y veía todos los demás que no eran importantes. De repente me doy de baja en suscripciones sin importancia presionando todos esos botones que no importan en realidad. Y no puedo seguir el ritmo con los horarios de deportes de mis hijos sin revisar a menudo el correo electrónico ni el calendario. Me esforcé al máximo, en realidad lo hice, pero es casi imposible alejarse del todo de las pantallas.

Le hablaba a mi estilista del cabello de mi guerra personal con la pantalla, y ella, que nunca teme hacer uso de su autoridad, giró hacia mi teléfono celular y lo señaló con su dedo.

«¡Quédate quieto!», le ordenó. «¡Quédate quieto!».

En efecto, a veces tenemos que decirles a las pantallas que se queden quietas, y ocuparnos de nuestros seres amados y verlos a ellos y solo a ellos. Tenemos que detener al dios del momento inmediato e invertir largas horas en algo que durará. Y sí necesitamos dejar de ser dominadas por los medios de comunicación y llegar a ser autoritarias con ellos.

Podemos usar los medios de comunicación como un vehículo para que nos lleven a donde queremos ir. O podemos usarlos como un vehículo para recoger a otra persona que pueda estar perdida y llevarla a donde necesita ir.

10

La quinta verdad:

ERES UNA EMBAJADORA ESCOGIDA

«Ustedes son mis testigos —afirma el Señor—,
son mis siervos escogidos».

ISAÍAS 43:10

Habla Dios

*L*os medios comprenden múltiples formas de comunicación con la intención de llegar a las masas. Parece una excelente forma para alcanzar a la gente con mi amor. Puedes escribir libros acerca de mi amor, puedes cantar canciones de mi amor, puedes hacer vídeos, escribir poemas y expresar pensamientos de mi amor. A través de la pantalla, ahora tienes la capacidad de esparcir la fragancia de mi amor a lo largo y ancho, más que cualquier generación anterior a ti.

Tal vez hice esto a propósito, porque quiero que mi pueblo no solo hable con su vecino, sino que también hable con la gente al otro lado del mundo.

Aun así, el internet también abre una ventana al mundo, y los caminos del mundo pueden desplazarse hacia ti. Cualquier cosa se puede usar para mi gloria o vergüenza; todo depende de cómo lo uses.

Mi pueblo trabaja a través de la web a fin de construir pozos de agua, alimentar a los que pasan hambre y rescatar a mis niños del tráfico humano, una abominación para mis ojos. La gente que entiende su dominio sobre la web la usa como un vehículo para rescatar a los perdidos, para ayudar a los que sufren. A través de la pantalla, las mujeres sabias enseñan a otras acerca del matrimonio, ayudan a las madres a criar bien a sus hijos y se inspiran entre sí para luchar mucho por los sueños que grabé en sus corazones. Los hombres ofrecen enseñanza llena de sabiduría y esperanza para los matrimonios atribulados, para el dinero, para los ministerios y para más.

Nunca antes las mujeres han afrontado tantas imágenes en los ojos de sus hombres. La mujer de la cocina, la que prepara la cena, cuida a los niños y duerme al lado de su esposo en la noche, no debería tener que competir con una pantalla bidimensional.

El dios de la pantalla también está arruinando la opinión de los hombres sobre la belleza. Muchos inclinan sus deseos ante ella como si yo no supiera cómo eso destruye sus vidas y a sus esposas.

Cuando la fijación de un hombre en la pantalla hace que la esposa de su hogar se vea menos deseable, menos bella, menos digna de atención y menos encantadora, es necesario tirar la pantalla. No me importa cuán difícil sea. El guerrero en él tiene que matar al dragón que devora a su propia familia; tiene que estar dispuesto a retirar la pantalla o a alejarse de ella. Tiene que preguntarse qué es lo que tiene que hacer para salvar su hogar.

Yo lo hice, ¡renuncié a mi precioso Hijo, el único que tenía a mi lado, el único que tenía, para salvarte!

¿A qué renunciarás para salvar a tu familia? El celo de tu casa debería consumirte.

En el mundo del dios de la pantalla se acepta todo, y así no es que funcionan las cosas conmigo. El hombre puede usar el internet para ocasionar mal tan pronto como se puede comprar un libro acerca de mi amor. El dios de la pantalla no protege a mis hijos y nunca lo hará. Así que depende de ustedes madres y padres. Ustedes tienen que enseñarles a usar un escudo, a abrocharse la verdad, a blandir su espada y a ponerse un casco en sus mentes. Tienen que enseñarles cuándo es hora de ponerse de pie, alejarse de la pantalla e ir cara a cara con la gente que importa.

Tienen que enseñarles a levantar la mirada y retirarla de la pantalla, a verme a mí para su reflejo.

Aun así, primero tienes que confiar en mí.

Mira a través de mis ojos. Mira a través de mis ojos todo lo que veas.

Dios, bueno

¿Te has dado cuenta de cómo las historias de los titulares siempre son malas noticias? Accidentes automovilísticos, criminales que escaparon, violencia doméstica, desastres, políticos mentirosos, hay *demasiadas* noticias malas.

Por naturaleza, las noticias son conflictivas y engañosas. Siempre buscan lo impactante, la controversia, la tragedia, la acusación, el engaño. En realidad, no se trata de que tengamos que retirar la vista de eso. Solo tenemos que darnos cuenta de que los medios noticiosos enfatizan lo negativo, y los medios de comunicación pueden mentirnos.

Dios, en cambio, no es mentiroso. Él es alguien que dice la verdad, alguien sincero. No es un Dios de confusión, y no es un Dios que se beneficie con las noticias malas.

Él es el Dios de las Buenas Noticias.

El ángel les dijo a los pastores: «No tengan miedo. Miren que les traigo *buenas noticias* que serán motivo de *mucha alegría* para todo el pueblo» (Lucas 2:10). Y cuando Jesús se puso de pie en el templo, citó al profeta Isaías cuando dijo: «El Espíritu de Dios está sobre mí, porque me eligió y me envió para dar *buenas noticias* a los pobres, para anunciar libertad a los prisioneros, para devolverles la vista a los ciegos, para rescatar a los que son maltratados y para anunciar a todos que: "¡Este es el tiempo que Dios eligió para darnos salvación!"» (Lucas 4:18-19, TLA). Dios envió a Jesús a traernos «*una festiva alabanza* en lugar de desesperación» (Isaías 61:3, NTV).

Después que a Jesús lo crucificaron, resucitó y ascendió al cielo, el ambiente político de la cultura de Pablo estaba en agitación. El mundo religioso estaba devastado por la confusión y los creyentes afrontaban burla y ejecución. ¿Qué les dijo Pablo que hicieran? ¿Que anunciaran las malas noticias? ¿Que proclamaran la violencia? ¿Que publicaran la división?

¡No! Les dijo que predicaran las buenas noticias.

Levanta tus ojos, dijo. Fíjalos en el bien. Medita en todo lo que es «verdadero, todo lo respetable, todo lo justo, todo lo puro, todo lo amable, todo lo digno de admiración, en fin todo lo que sea excelente o merezca elogio» (Filipenses 4:8).

¿Por qué les dijo a ellos y a nosotros que nos enfoquemos en la vida de Cristo? ¿Que nos enfoquemos en lo bueno? Debido a que mientras más nos enfocamos en algo, más lo reflejamos, y Él quiere que brillemos «como estrellas en el firmamento» mientras ofrecemos la palabra de vida (Filipenses 2:15). El mundo necesita más bondad, más victoria, más fe, más luz, más sanidad y más esperanza.

Quisiera que las noticias de primera plana fueran historias de ministerios que van directo al corazón de la oscuridad, a los burdeles de Grecia, al sudeste asiático y a otras partes del mundo, rescatando a chicas y chicos pequeños del tráfico sexual. Hay más esclavos en el mundo hoy en día que en cualquier momento de la historia humana: veintisiete millones de hombres, mujeres y niños en todo el mundo están en trabajo manual y sexual forzado, en contra de su voluntad. Los ministerios alrededor del mundo están restaurando comunidades completas con recursos, educación, cuidado médico, casas seguras y capacitando para trabajar. Así como uno rescataría a un niño de un edificio en llamas, los héroes rescatan niñas pequeñas de la esclavitud del sexo obligado[12].

Para mí eso es una buena noticia; es noticia de *primera plana*. Sin embargo, los medios de comunicación predominantes no se enfocarán en esto.

Quisiera que hasta mis noticias locales presentaran un ministerio llamado «Somos Apreciadas» justo a una calle de distancia, donde las mujeres generosas mantienen una casa abierta con una cena caliente para las mujeres estríperes en el área. Las mujeres de Somos Apreciadas también entran a los clubes nocturnos de manera regular y les dan a las bailarinas regalos y una invitación para cenar. Cuando las bailarinas llegan a la Casa Apreciada, las voluntarias atavían con amor a estas mujeres de la industria sexual con ropa bella y las ayudan a recibir una educación, a dejar a sus proxenetas y a comenzar a una vida nueva en Cristo. Eso es a lo que llamo belleza[13].

La estudiante que tuve, que superó los cortes, los pensamientos suicidas, la adicción, una violación y la bulimia podría ser una excelente historia de interés. Puedo verlo ahora: «¡Una chica elige una mejor vida! Esa es nuestra historia de primera plana de las noticias de esta noche. Y hoy en la noche a las once, ¡se liberan a dos chicas más en Camboya! Libertad de los clubes nocturnos, ¡buenas noticias de tu patio de atrás!». Ahora bien, eso sería grandioso. Podemos publicar paz. Podemos proclamar salvación. Podríamos enfocarnos en la libertad.

Para ser justa, los medios noticiosos presentan algunas noticias buenas, pero no muchas, y el «bien» y el «mal» son subjetivos por completo y se filtran en las opiniones de la red. Lo que es bueno para uno, no es bueno para otro. Es engañoso.

Dios, en cambio, no tiene dos rostros. Él tiene un rostro: Bueno.

Hubo una época de mi vida en la que estuve tan confundida que no podía distinguir el bien del mal. Sé que parece loco, pero al volver la vista atrás a mi vida como modelo y a la época tormentosa de la limpieza de mi templo, me desorienté en gran medida.

Mi consejero me mostró esta fórmula sencilla:

DIOS = BUENO
DIABLO = MALO

Solo hay una letra más al escribir *Dios* y *bueno*, y dos letras más entre *diablo* y *malo*.

Nuestro mundo dice que lo malo es bueno y que lo bueno es malo. Sin embargo, eso no puede estar más lejos de la verdad. Cuando algo es bueno, es Bueno de Dios. Cuando algo es malo, es Malo del diablo. Parece simple, y lo es. Me ayudó a distinguir lo que era bueno en mi vida de lo que no era bueno; lo que no era saludable para mí y lo que sí lo era. También me ayudó a desarrollar límites alrededor de mí misma para proteger a mi familia.

No sabía nada de límites cuando era joven. Entendía la moralidad, pero no los límites. «Por sobre todas las cosas», dice Proverbios 4:23, «cuida tu corazón, porque de él mana la vida». Debemos estar alertas en cuanto a proteger nuestros corazones. A las chicas se les debe enseñar que solo se le permite entrar a lo bueno. No a lo malo. El momento en que algo que vemos en la pantalla nos hace sentir invaluables es el momento en que cerramos la pantalla. El momento en que alguien nos compromete en línea, o de otra manera, es el momento en que ya no es nuestro «amigo».

Si no somos sabias, los valores de los medios de comunicación pueden alejarnos y podemos olvidar para qué estamos aquí. No estamos aquí para pasar nuestra vida cotorreando en las redes sociales para la aprobación de los demás, ni para permitir que las pantallas nos succionen nuestro valioso tiempo. La verdad es que hay gente en todo el mundo que nos necesita para que les tendamos nuestras manos y traten de alcanzar sus milagros. El mundo tiene necesidad de gente que entienda su propósito y de los que usan los medios de comunicación como un vehículo para bien.

Escogidas

No podemos abrumarnos con el mal descontrolado de nuestro mundo y aislarnos, dando por sentado que no tenemos el poder de hacer cualquier cosa en cuanto a eso. No estamos sin poder. Los que estamos en Cristo tenemos dentro de nosotros el poder que lo resucitó de los muertos.

A Cristo se le llamó «el Escogido» (Lucas 23:35). Siempre vemos lo que somos en el reflejo de lo que es Él. «Yo los he escogido de entre el mundo» dijo él (Juan 15:19). Isaías escribió: «Ustedes son mis testigos —declara el SEÑOR—, mis siervos escogidos [...] Del oriente llamo al ave de rapiña; de la tierra distante, al hombre que cumplirá mi propósito [...] Te tomé de los confines de la tierra, te llamé de los confines más remotos, y te dije: "Tú eres mi siervo". Yo te escogí; no te rechacé. Así que no temas, porque yo estoy contigo; no te angusties, porque yo soy tu Dios. Te fortaleceré y te ayudaré; te sostendré con la diestra victoriosa» (Isaías 43:10, 46:11, 41:9-10).

Él nos escogió para que lo representemos, no porque seamos grandiosas, sino porque éramos débiles y, en nuestra debilidad, Él puede ser nuestra fortaleza. Pablo nos llama «embajadores de Cristo, como si Dios los exhortara a ustedes por medio de nosotros». Un embajador es un funcionario diplomático del rango más alto, y representa a la autoridad de quien lo envió. Al servir a su país natal en una tierra extranjera, el embajador refleja e implementa las creencias y prácticas del que lo envió.

Sin embargo, esta es la buena noticia: No se trata de nuestro poder; se trata del poder del Dios Altísimo que vive y actúa a través de nosotros. Todo lo que tenemos que hacer es elevar nuestras manos y decir: «¡Aquí estoy, Señor! ¡Envíame a mí!».

A donde nos envíe y cómo nos envíe, depende de Él. No importa a dónde vayamos, por dentro, vamos de rodillas. Vamos representando a un buen Dios. A un Dios alto. Al Altísimo.

Ve a decírselo a una chica

La Biblia está llena de grandes embajadores. Pablo, que alguna vez estuvo parado al aprobar la ejecución de los cristianos, llegó a ser uno de los más grandes. «Para mí el vivir es Cristo y el morir es ganancia», escribió en Filipenses 1:21. Otros embajadores eran personas comunes que seguían un llamado celestial. Nuestro currículum no nos prepara para la vida del embajador. Nuestras historias no declaran nuestro valor.

Cristo en nosotros es la única medida de nuestra influencia.

La primera embajadora de las Buenas Noticias, María Magdalena, era una dama que estaba hecha un desastre. Jesús la sanó de sus demonios y luego hizo que fuera la portavoz para anunciar su resurrección.

Habla María Magdalena

Ay, ¡cuánto lo adoraba! Él era a quien amaba mi alma.

Antes de conocer a Jesús, me sentía torturada. Nadie sabía lo que me pasaba. Sin duda alguna, no podía atraer a un hombre. Estaba enferma, poseída por demonios, lo cual significaba que nadie entendía la fuente de mi dolor. «Demonios» era una forma de pasar sus manos por mi enfermedad y decir: «Bueno, el diablo la tiene del cuello».

De muchas maneras, siete para ser exacta, tenían razón. La enfermedad, el desorden, la confusión, la traición, el pecado, la división y la angustia eran míos. Eran mis siete.

Después, Él llegó muy cerca como una luz resplandeciente. Vi que la esperanza se acercaba a mí en un instante. Sabía quién era Él, era quien anhelaba mi alma.

Cuando Jesús me sanó, fue algo personal, solo Él y yo en el bosque de mi peregrinación. Cuando escuché su voz decir: «María, has sido sanada», se acabó. El sufrimiento se detuvo. Entonces, ¿qué otra cosa podía hacer yo para seguir cada uno de sus pasos? No tenía esposo; ni hijos. Lo seguí todo el camino desde Galilea. El dolor de verlo morir fue la peor agonía de mi vida; Él era todo lo que yo tenía. Él era a quien amaba mi alma, y ellos me lo robaron.

Cuando todos se fueron a casa para guardar el día de reposo, llegué antes del amanecer al huerto mientras todavía estaba oscuro, pero la piedra estaba retirada. Entré, pero Él no estaba allí.

—¡No! —grité—. ¡Se han llevado a mi Señor y no sé dónde lo han puesto!

Mi alma se retorcía.

—¿Por qué lloras, mujer? ¿A quién buscas? —oí una voz detrás de mí.

—Señor, si usted se lo ha llevado, dígame dónde lo ha puesto, y yo iré por él.

—María —dijo con su voz suave en mis oídos como de una paloma en la noche.

Al principio pensé que era el que cuidaba el huerto, pero luego me di cuenta de que era Él.

—¡Raboni! —grité— ¡Maestro!

Traté de aferrarme a Él.

Entonces, Él dio un paso atrás, y me advirtió que no lo tocara, porque todavía no había regresado al Padre. Me dijo que fuera a los discípulos y les contara la noticia, que les dijera que resucitó.

Cada músculo de mi cuerpo decía que me quedara. No puedo dejarte otra vez, pensé, quiero estar contigo en el huerto para siempre.

Sin embargo, tenía que dejarlo ir. Tenía que volverme de lo que podía ver a lo que no podía ver. Lo que podía ver era temporal; lo que no podía ver era eterno. Por lo que corrí.

—María, ve y dilo —fueron las palabras más dulces que he escuchado alguna vez.

Por supuesto que los discípulos no le creyeron a la loca María. Tenían que verlo por sí mismos. No obstante, lo que vieron fue cierto: Resucitó. Luego se les apareció otra vez y les dio el mismo mensaje que le dio a María: Vayan a contar las buenas noticias.

Algunas leyendas dicen que María procedió a ayunar y orar en el desierto, torturada por los demonios. Otras leyendas dicen que procedió a ser una predicadora en una isla. No creo que desapareciera en el desierto para siempre. A ella ya la habían llamado a salir del desierto y se le dio un propósito: Era una portavoz del que amaba su alma.

Estoy segura de que el enemigo trató de arruinarla, pero no pudo.

Algunas embajadoras pueden desanimarse cuando derraman sus vidas y solo alcanzan a una chica. Con el tráfico sexual, las estríperes y las prostitutas, es una chica a la vez. Una chica que se saque de la oscuridad y que pase a la luz a la vez. Algunas pueden sentir que fracasan, que solo alcanzan a una chica. En cambio, así es que sana Dios a la gente: Él habla a las masas y toca un alma. Y a través de un alma les habla a las masas, y se toca a otra alma. Y así sigue, una pequeña piedra que se lanza a un gran lago, y los círculos concéntricos se repiten de esa única piedra.

Una vez di mi testimonio en un banquete navideño de damas. Las mujeres habían erigido una enorme carpa blanca, llena de mesas, velas y luces interminables. Esa noche la carpa se llenó de una emoción casi romántica. Detrás de una cortina, yo esperaba de rodillas. Cuando me levanté, estaba con mucha energía y lista para subirme al escenario. Podía sentir que mis pies se ponían calientes en mis altas botas negras, esperando subir a la plataforma cuando me llamaran. Sentía ese fuego en mi alma, y una vez que se activó el micrófono, mi voz salió. Esa noche pude sentir a mi Salvador viviendo dentro de mí con tanta seguridad como sé que vive.

Al final de la charla, pregunté si alguien quería aceptarlo. Mientras hacía la invitación, una tranquilidad arrolladora invadió el salón, como un velo difuso, y parecía que un estupor somnoliento se había apoderado de las mujeres. Todas inclinaron sus cabezas y las mantuvieron abajo.

«¿Quién creerá?», pregunté, y el sonido hizo eco en la enorme carpa.

Entonces, en el otro extremo del salón, vi a una chica. Levantó su mano en alto, que llegó hasta el techo. Luego, todo su cuerpo se levantó de su asiento y ella alargó su mano hacia arriba, tan alto como podía, extendiéndola en exceso. Fue la única que recibiría a Cristo esa noche bendecida.

Desde el escenario, vi una foto del mundo: cabezas inclinadas, corazones cerrados, una oscuridad como un velo que estaba sobre las almas. Y vi la fe de una chica.

Yo fui esa chica una vez, en un mundo donde la nube de la tormenta estaba baja y se sentía como si nadie pudiera ver. Quería a Dios como quería mi vida, y encontré al que amaba mi alma.

Algo ocurre cuando Dios sujeta a una chica: Él sujeta a otra chica, y a otra chica y a otra. Lo siguiente que sabes es que estamos estremeciendo la tierra con nuestra fe, pisamos fuerte con nuestras botas y liberamos a los cautivos.

La chica no es la misma nunca, y tampoco lo es el mundo que la rodea.

Redimida

Mi mejilla todavía estaba presionada en el sofá y no quería abrir mis ojos, si es que podía hacerlo. De ninguna manera, todavía estoy en el templo, y Jesús me acaba de guiñar el ojo desde el centro. Es muy asombroso que yo esté aquí, que pueda ver a toda la gente que lo alaba al unísono. Se siente tan personal, como si Él estuviera tan emocionado para mostrarme lo grandioso que es todo. Es grandioso. Se siente como la plenitud del gozo.

Entonces, de repente la presentación cambia de diapositivas. Ahora yo estoy de vuelta en la pradera donde comencé, dentro de una gran barraca de madera. Hay muchísimas literas, y todas mis amigas están allí. Todas abrazamos nuestras almohadas y nos acurrucamos en nuestras colchas, anticipando con ansias una historia para antes de irnos a dormir.

Jesús está sentado en la orilla de una litera, más grande que la vida. Tiene en sus manos un enorme libro. En el lomo está escrito: «El libro de historias».

«¿Les gustaría que les cuente una historia?», pregunta.

«¡Sí, Señor! ¡Ah, sí!», decimos nosotras con nuestra voz en armonía.

Entonces, Él abre el libro gigante y nos lee una historia.

Lo que más amo después de Él es el templo. Y después me encantan las fiestas de pijama. Y después de las fiestas de pijama me encanta una buena historia.

La presentación cambia de diapositivas.

Es la mañana. Estoy envuelta en una colcha de lana, sentada en una mecedora en la plataforma de la barraca que da al bosque, y más allá de eso, las montañas y las colinas a la distancia. Sonrío, y allí, justo al lado de Él está Shane. Con el café en sus manos, sentado en la mecedora, al otro lado de Jesús.

Shane y Jesús comienzan a reírse como niños. Tan personal como el templo era para mí, Jesús es igualmente personal con Shane.

La presentación cambia de diapositivas.

Shane está ahora en los hombros de Jesús, y Jesús es más grande que la vida, cargándolo por la pradera para ver el paisaje. Shane cree que van de caza, y tiene un rifle en sus manos. Sin embargo, con mucha amabilidad Jesús baja el rifle y lo cambia por un telescopio. Se dirigen al espeso bosque. Y entonces hay un venado, vivo y totalmente manso. Van directo hacia él y Jesús le muestra a Shane cómo puede acariciar el terciopelo de sus cuernos.

Tan emocionado como está para mostrarme el templo, Jesús está emocionado por mostrarle a Shane el venado.

La presentación cambia de diapositiva y toda nuestra familia camina por la pradera. Los niños cubren toda la estructura robusta y redimida de Shane. Detrás de él, lo sigo yo, caminando con paz y alegría.

Detrás de nuestros pasos están nuestros preciosos perros, que corren y saltan en el campo.

Todo está redimido.

Hubo un tiempo en mi vida cuando me sentía como si alguien hubiera barrido mis pies por debajo de mí y yo estaba hecha pedazos por todo el suelo. Sentí que tenía que dejar de hablar, de escribir y guardar silencio. Sentí que debía cerrar la tienda y terminar. La vida se puso tan dolorosa que ya no creía que pudiera ser una luz.

Entonces fuimos a la iglesia un día. La enorme multitud cantaba y alababa, y yo solo lloraba. Cuando pudimos sentarnos, me alegré de que pudiera hundirme en la silla, con mis hombros inclinados hacia delante.

Nuestro ministerio acababa de producir unos brazaletes con un mensaje de identidad. Tenían cinco símbolos para recordarte que eres hija, creación, templo, luz y embajadora de Dios, con los pies acondicionados con la presteza de las buenas noticias.

Ese día, yo llevaba puesto un brazalete por primera vez. Sintiéndome terrible, lo miraba, hacia abajo, jugueteando con los pequeños dijes.

No, no soy, pensé. *«¡Yo no soy princesa! ¡No soy templo! No soy embajadora. No soy nada de esas cosas. ¡No soy!».*

No oí nada de lo que dijo el pastor. Pero entonces, levanté la mirada. «Primer punto», enumeró él. Entonces, estas palabras aparecieron en la pantalla, una letra a la vez.

Tu identidad es más poderosa que tu quebrantamiento.

Mi fiel amiga, tú has viajado a lo largo, ancho y profundo conmigo ahora, tu identidad es más poderosa que tu quebrantamiento. No dejes de creer nunca. No dejes de hablar nunca. Por la voz de nuestro testimonio y la sangre del Cordero, venceremos. Tú eres más que una conquistadora. El que está en ti es mayor que el que está en el mundo. No te rindas. Pelea la buena batalla. Termina la carrera.

Eres la hija amada de Dios.
Eres su creación preciosa.
Eres su templo bello.
Eres su luz resplandeciente.
Eres su embajadora escogida.

Tus ojos verán al rey en su belleza y verán una tierra que se extiende hasta muy lejos (Isaías 33:17).

Epílogo

P. D. DIFÚNDELO

Mi pasión por este mensaje es que tú lo transmitas. Demasiadas mujeres y chicas se enfocan en los espejos que mienten. Tenemos que girar sus cabezas hacia el espejo que no cambia nunca. La generación más joven necesita de nuestras voces para elevarse alto y fuerte, por encima de las mareas de la cultura.

Tenemos que ayudarlas a navegar por el mundo tormentoso. Su identidad es su timón, y tenemos que enseñarles a mantener sus ojos fijos en el Hijo.

Para Él, todas somos hijas, creaciones, templos, luces y embajadoras. Para Él, todas somos bellas, y el hecho de que la Verdad viva en nosotras nos hace fabulosas.

Difúndelo.

Notas

1. Carolyn Coker Ross, «Why Do Women Hate Their Bodies?», *World of Psychology* (blog), *Psych Central,* 2 de junio de 2012, http://psychcentral.com/blog/archives/2012/06/02/why-do-women-hate-their-bodies/.

2. Nancy Etcoff y otros, *The Real Truth About Beauty: A Global Report,* Dove Beauty Report, septiembre de 2004, p. 9.

3. Shuan Dreisbach, «Shocking Body-Image News: 97 % of Women Will be Cruel to Their Bodies Today», *Glamour,* marzo de 2011, http://www.glamour.com/health-fitness/2011/02/shocking-body-image-news-97-percent-of-women-will-be-cruel-to-their-bodies-today.

4. *Ibidem.*

5. Antoine de Saint Exupéry, *El Principito,* http://bibliotecadigital.ilce.edu.mx, p. 84.

6. C.S. Lewis, *El peso de la gloria,* HarperCollins, Nueva York, 2016, p. 42.

7. Edith Zimmerman, «99 Ways to Be Naughty en Kazakhstan: How Cosmo Conquered de World», *New York Times,* 3 de agosto de 2012.

8. Miriam Grossman, *Unprotected: A Campus Psychiatrist Reveals How Political Correctness in Her Profession Endangers Every Student,* Penguin Group, Nueva York, 2007, p. xvii.

9. *Ibidem.,* p. xx.

10. *Ibidem.,* pp. xvii-xviii.

11. *Ibidem*, p. 3.
12. Para saber cómo la Campaña A-21 y el Proyecto Perla actúan para abolir la esclavitud actual y el tráfico humano, visita http://www.thea21campaign.org/ y http://messengerinternational.org/get-involved/pearl-alliance/.
13. Para saber cómo *We Are Cherished* ayuda a las mujeres de Texas a dejar la industria del sexo, visita http://www. wearecherished.com/.

Acerca de la Autora

JENNIFER STRICKLAND es esposa de su mejor amigo, Shane. Juntos tienen tres hermosos hijos: Olivia, Zachary y Samuel. Viven al norte de Texas, donde disfrutan la hacienda familiar *Legacy8*. La esperanza de su familia también es la de construir una casa de restauración, donde puedan sanar las jóvenes y chicas. Su ministerio, «U R More» [Tú eres más], se dedica a restaurar la belleza y el valor de las mujeres, una chica a la vez.

Para más información acerca de los poderosos recursos de Jennifer y de los eventos en vivo, visita

www.jenniferstrickland.net.

Notas